Ardeschyr Hagmaier

Heute akquirieren – sofort profitieren

Ardeschyr Hagmaier

Heute akquirieren – sofort profitieren

Systematisch neue Kunden und Aufträge gewinnen

2., erweiterte Auflage

GABLER

Bibliografische Information der Deutschen Nationalbibliothek
Die Deutsche Nationalbibliothek verzeichnet diese Publikation in der
Deutschen Nationalbibliografie; detaillierte bibliografische Daten sind im Internet
über <http://dnb.d-nb.de> abrufbar.

1. Auflage 2005
2., erweiterte Auflage 2008

Alle Rechte vorbehalten
© Gabler | GWV Fachverlage GmbH,
Wiesbaden 2008

Lektorat: Manuela Eckstein

Gabler ist Teil der Fachverlagsgruppe Springer Science+Business Media.
www.gabler.de

Umschlaggestaltung: Nina Faber de.sign, Wiesbaden
Satz: ITS Text und Satz Anne Fuchs, Bamberg
Druck und buchbinderische Verarbeitung: Krips b.v., Meppel
Gedruckt auf säurefreiem und chlorfrei gebleichtem Papier
Printed in the Netherlands

ISBN 978-3-8349-0952-7

Vorwort

Vor 30 Jahren startete ich meine Verkaufstätigkeit bei einer Bausparkasse und danach im Immobilienbereich. Immer wieder habe ich festgestellt, dass „Verkaufen" gar nicht so schwer war, sobald ich einen Interessenten hatte. Schnell bemerkte ich, dass das Finden von Interessenten weit schwieriger war als der Verkaufsvorgang selbst. Mein Problem lag also nicht im Verkaufen, sondern in der Akquisition. Problem erkannt, Problem gebannt – dachte ich. Also suchte ich nach geeigneter Literatur, um passende Akquisitionstipps für eine kontinuierliche Kundengewinnung zu bekommen. Erstaunt musste ich feststellen, dass diese doch so gute Idee nichts brachte. Ich hatte zwar das Problem erkannt, aber es bestand weiterhin. Es gab zwar mehrere hundert Verkaufsbücher, aber eine Anleitung für die professionelle Akquise fand ich nicht. So blieb mir weiterhin nur der Austausch mit Kollegen und anderen Verkäufern, um geeignete und wirkungsvolle Akquisitionsstrategien, welche über Telefonmarketing und Mailbriefe hinausgingen, zu entwickeln.

Als Ardeschyr Hagmaier 1997 in unsere Firma eintrat, lernte ich endlich einen Mann kennen, der sich bereits seit vielen Jahren ganz gezielt mit diesem Thema beschäftigte. Er spezialisierte sich während seiner Verkaufstrainertätigkeit darauf, noch neuere und wirkungsvollere Wege der Akquisition zu finden. Jahre lang wendete er diese Akquisitionstools täglich an und verbesserte sie kontinuierlich. Diese reiche Erfahrung gibt ihm das Recht, darüber zu berichten und zu schreiben. Seit über neun Jahren ist er auch als Akquisitionsexperte in all unseren Verkaufs- und Führungskräftetrainer-Ausbildungen tätig. Er erarbeitet mit den Verkäufern in seinen Trainings und den Trainern in ihrer Ausbildung die doch so wichtigen Strategien und Ideen, um im heutigen, hart umkämpften Verkäufermarkt erfolgreich zu bestehen.

Immer wieder erlebe ich, wie Ardeschyr Hagmaier bei seinen Vorträgen, Verkaufstrainings oder auch in der Trainerausbildung die Teilnehmer mitreißt und begeistert. Er pflanzt den Samen für ein powervolles Akquisitionswachstum seiner Zuhörer.

Hier ist nun sein Buch zu diesem Thema. Ich selbst war bei der Lektüre von der Vielfältigkeit und der Originalität der Akquiseideen und -strategien begeistert. Durch dieses Buch ist es jetzt möglich, alle Verkäufer, für die Akquise ein wichtiger Bestandteil des Verkaufens ist, an den reichhaltigen Erfahrungen des Autors teilhaben zu lassen, sodass es ihnen möglich ist, noch heute zu akquirieren – und sofort zu profitieren.

Helmut Seßler
Verkaufstrainer
und Trainerausbilder
IN*tem* Gruppe Mannheim

Inhalt

Einleitung

Wer heute akquiriert, will und muss sofort profitieren. Aber wird das Akquirieren nicht immer schwieriger? Ich behaupte: Es wird gleichzeitig auch immer leichter!

Das ist nur auf den ersten Blick ein Widerspruch: Denn natürlich steht die Akquisition in Zeiten, in denen viele den Konsumverzicht predigen und das Zeitalter einer neuen Bescheidenheit ausrufen, vor neuen Herausforderungen. Wahrscheinlich brauche ich gerade Ihnen nicht zu sagen, welche Konsequenzen die neue Bescheidenheit hat. Hinzu kommt: Immer mehr Menschen – und Unternehmen – haben schlicht und einfach weniger Geld im Portemonnaie und leisten notgedrungen Verzicht. Die Werbung hat diesen Trend schnell aufgegriffen und propagiert die Produkte seit einiger Zeit unter dem Motto „Geiz ist geil". Der Kuchen, der zur Verteilung bereitsteht, ist kleiner. Der Preiskampf tobt. Vor allem der Einzelhandel stöhnt unter enormen Umsatzeinbußen. Da Konsum aber nun einmal der Motor für unsere Marktwirtschaft ist, gerät sie ins Stottern. Schließlich lebt jedes Unternehmen nicht von dem, was es produziert, sondern von dem, was es verkauft. Aber wenn immer mehr Menschen immer weniger kaufen – was dann?

Nun zum zweiten Teil der Botschaft: Die Akquisition wird zugleich immer leichter. Die zweifellos nicht leichte Situation für alle Menschen, die im Verkauf tätig sind, ist für Sie kein „Problem", sondern eine *riesige Herausforderung!* Eine Herausforderung, Chancen zu nutzen. Chancen, die andere auf der Akquisitionsstraße liegen lassen, weil sie sich nichts zutrauen. Also: Greifen Sie zu, heben Sie die Chancen auf und nutzen Sie sie! Und somit wird die Akquisition auch immer leichter, weil derzeit zum Beispiel nicht jeder in der Lage ist, zu Kunden vertrauensvolle Beziehungen aufzubauen, nutzenorientiert zu akquirieren und seine Akquisitions-Power voll zu entfalten und auszuschöpfen.

„Oh je", so werden jetzt vielleicht einige von Ihnen denken, „da ist wieder so einer, der uns das positive Denken als Wundermittel anpreist: ‚Wir müssen nur an unseren Erfolg glauben – und schon stellt er sich ein! Und wenn es nicht klappt, kann er uns vorwerfen, wir hätten nur nicht fest genug daran geglaubt. So argumentieren doch alle Wunderheiler!'"

Mitnichten, liebe Leserinnen und liebe Leser, liebe Führungskräfte und Mitarbeiter aus Vertrieb und Verkauf, liebe Key Account Manager, liebe Akquisiteure. Denn die richtige, positive, von seinen eigenen Stärken und Kompetenzen getragene Einstellung ist nur eine Seite der Medaille – die allerdings auch notwendig ist. Denn wer immer nur klagt, der Markt sei so schwierig, der Konsument so zurückhaltend, die Mitarbeiter renitent und uneinsichtig, wird das säen, was er erntet, und denkt: schwierige Marktbedingungen, zurückhaltende Kunden, unmotivierte Mitarbeiter. Die Realität, die Außenwelt wird durch uns selbst bestimmt. Wer überall nur Hoffnungslosigkeit, Niedergang und Probleme wahrnimmt, wird irgendwann der sich selbst erfüllenden Prophezeiung erliegen – und überall nur Hoffnungslosigkeit, Niedergang und Probleme erkennen können.

Zum Glück funktioniert das Ganze auch umgekehrt: Ohne Zweifel ist eine grundsätzlich positive Einstellung hilfreich. Wer glaubt, über die Kraft und Energie zu verfügen, anstehende Probleme zu lösen, wer sie als Herausforderungen und Aufgaben definiert, die man unter Einsatz all seiner Stärken und Fähigkeiten angehen kann, hat gute Chancen, sie tatsächlich motiviert zu bewältigen. Das darf jedoch nicht dazu führen, stets alles durch die rosarote Brille zu betrachten – dies kann genauso verheerende Wirkungen haben wie die Schwarzseherei.

Mit der richtigen Einstellung allein aber ist es noch nicht getan. Hinzu kommen muss die professionelle und virtuose Handhabung der Strategien, Techniken und Methoden, die helfen, Akquisitions-Power „auf die Straße zu bringen", sprich: im täglichen Kontakt mit den Kunden anzuwenden. Welche Strategien, Techniken und Methoden es gibt und wie Sie sie in der täglichen Akquisitionspraxis umsetzen, zeigt dieses Buch.

Wenn immer weniger Menschen bereit und in der Lage sind, Produkte um des Konsums willen zu erstehen, hat es wenig Sinn, den Kaufvorgang über das Produkt, die Produktvorteile zu steuern. Wenn die Grundbedürfnisse des Menschen nicht mehr primär über den Konsum befriedigt werden, muss der Verkäufer umdenken: Er muss zu seinem Kunden eine Beziehung aufbauen, ja ich möchte noch einen Schritt weitergehen: Er muss sich mit dem Kunden vertraut machen.

Sich mit dem Kunden vertraut machen

Bestimmt kennen Sie die Geschichte vom kleinen Prinzen von Antoine de Saint-Exupéry. Auf seiner Reise begegnet der kleine Prinz einem Fuchs, der ihn auffordert, ihn zu zähmen. „,Das ist eine in Vergessenheit geratene Sache‘, sagte der Fuchs. ‚Es bedeutet, sich *vertraut machen*.‘ Vertraut machen, so erläutert der Fuchs dem kleinen Prinzen, heißt: ‚Du bist für mich noch nichts als ein kleiner Knabe, der hunderttausend kleinen Knaben gleicht. Ich brauche dich nicht, und du brauchst mich ebenso wenig. Ich bin für dich nur ein Fuchs, der hunderttausend Füchsen gleicht. Aber wenn du mich zähmst, werden wir einander brauchen. Du wirst für mich einzig sein in der Welt. Ich werde für dich einzig sein in der Welt.‘ Auf die Frage des kleinen Prinzen, wie er sich denn mit dem Fuchs vertraut machen könne, antwortet dieser: ‚Du musst sehr geduldig sein. Du setzt dich zuerst ein wenig abseits von mir ins Gras. Ich werde dich so verstohlen, so aus dem Augenwinkel anschauen, und du wirst nichts sagen. Die Sprache ist die Quelle der Missverständnisse. Aber jeden Tag wirst du dich ein bisschen näher setzen können ...‘ " Und so beginnen der kleine Prinz und der Fuchs sich vertraut zu machen, eine Beziehung aufzubauen, die – um wieder den harten Schritt in die Realität zu wagen – auch Sie anstreben sollten. Der Partner in dieser Beziehung ist allerdings kein Fuchs, sondern Ihr Kunde.

In den letzten Jahren war in zahlreichen Büchern und Fachaufsätzen die Rede davon, dass Sie zum Kunden eine Beziehung aufbauen müssen. Das ist richtig, aber oft wird dieser Beziehungsaufbau lediglich im Sinne eines modernen Kommunikationsmanagements missverstanden. Da werden die modernen Kommunikationsmedien wie E-Mail und Internet genutzt, um beim Kunden permanent präsent zu sein, da werden Gesprächsleitfäden und Gesprächstechniken entwickelt, um Zugang zum Kunden zu finden, da werden Strategien aufgebaut, um die Kommunikation zum Kunden noch effektiver zu gestalten. Auch alles richtig, aber immer noch nicht des Pudels Kern: Den birgt vielmehr die Geschichte des kleinen Prinzen in sich: Der Verkäufer muss sich dem Kunden vertraut machen, indem er gerade zu Beginn des Akquisitionsgesprächs eine Vertrauensbasis aufbaut – nicht umsonst steckt in dem „Sich-vertraut-Machen" das Hauptwort „Vertrauen": durch aktives Zuhören, durch das langsame Sich-Annähern an die Gefühls-, Erlebnis- und Gedankenwelt des Kunden. Dann wird es Ihnen gelingen, „im Kopf des Kunden zu denken", also die Situation, in der der Kunde steht, zu erfassen, seine Bedürfnisse und Probleme zu erkennen, in seine Gefühlswelt einzutauchen.

Lassen Sie sich also auf die individuelle Situation des Kunden ein, der hier und jetzt vor Ihnen steht oder sitzt, reden Sie mit ihm über seine Hobbys, seine Sorgen und Nöte, die aktuellen Fußballergebnisse, die neuesten politischen Entwicklungen – also über das, was *ihn, den Kunden*, derzeit bewegt.

Nicht der Verkäufer mit dem besten Angebot wird den Kunden überzeugen, sondern derjenige, dem es im Gespräch gelingt, die Welt des Kunden zu betreten, um auf dieser Grundlage eine Problemlösung zu unterbreiten, die dem Kunden ein Höchstmaß an Nutzen bringt.

Was dieses Buch leisten möchte

Nach meiner Erfahrung liegt der Unterschied zwischen dem durchschnittlich und dem überdurchschnittlich erfolgreichen Verkäufer darin, dass der Akquisitionsspezialist in der Lage ist, sich seinen momentanen emotionalen Zustand bewusst zu machen und ihn auch zu verändern, und zwar bewusst zu ändern. Ich stelle in meinen Trainings immer wieder fest, dass viele Verkäufer nicht in der Lage sind, die Spitzenleistungen zu erbringen, zu denen sie eigentlich fähig wären. Der Grund: Sie sind blockiert, weil sie sich an schlechte Erfahrungen in vergangenen Verkaufsgesprächen und in der Akquisition erinnern – und so gehen sie davon aus, dass „es auch dieses Mal nicht klappt". Vielleicht klappt es wirklich nicht, aber die negative Blockade trägt bestimmt nicht zu einem positiven Verlauf des Verkaufsgesprächs bei. Ich bezeichne dies als die Fokussierung auf hemmende Erfahrungen.

Also sollten Sie den umgekehrten Weg einschlagen und sich auf die positiven Erfahrungen und Erlebnisse fokussieren, um daraus die Überzeugung und Energie zu gewinnen, anstehende Verkaufssituationen zu bestehen. Und zwar mithilfe und unter Einsatz aller Akquisitionsinstrumente, die Ihnen zur Verfügung stehen.

Sie sehen also wieder: Es ist beides notwendig – die richtige innere Einstellung und die Beherrschung der Strategien, Methoden und Techniken.

Und darum will dieses Buch beides leisten: Sie mit dem „Handwerkszeug" des professionellen und erfolgreichen Akquisiteurs bekannt machen und Ihnen praxisorientierte Hinweise geben, wie Sie dieses Werkzeug ein- und umsetzen, um Ihre Akquisitions-Power kontinuierlich im Kundengespräch zu aktualisieren – damit sich Ihre heutigen Akquisitionsaktivitäten schon morgen in zählbarem Umsatz niederschlagen. Analog dazu besteht das Buch aus zwei Teilen:

Im ersten Teil steht der KAP-Erfolgszirkel im Mittelpunkt. KAP steht dabei für: Kontinuierliche Akquisitions-Power. Ich möchte Ihnen zeigen, wie wichtig es ist, die Akquisition strategisch und geplant anzugehen. Der KAP-Erfolgszirkel umfasst acht Punkte: Ziele formulieren, einen strategischen Plan entwerfen, eine Selbstverpflichtung eingehen, (Umsetzungs-)Energie aufbauen, Tun bzw. Handeln, eigene Leistungen anerkennen (Selbstmotivation), Potenzialanalyse und Controlling. Abgeschlossen wird der erste Teil mit Ausführungen zum Thema Selbst- und Menschenkenntnis: Hier erfahren Sie, wie Sie eine Kundentypologie entwerfen, die Ihnen hilft, individuell auf einen Kundentyp einzugehen.

Im zweiten Teil erhalten Sie kreative und innovative Tipps, Denkanstöße und Ideen, wie Sie Ihre Neukunden- und Bestandskundenakquisition optimieren können und auf welchen Akquisitionswegen sich KAP verwirklichen lässt. Mein Ziel ist, dass Sie mit Ihren Akquisitionsaktivitäten von heute sofort Kunden gewinnen und Umsatz generieren. Eben: „Heute akquirieren – sofort profitieren".

Seit dem Erscheinen der ersten Auflage dieses Buches habe ich mehrere neue innovative Akquisitions-Tools entwickelt und analysiert, welche grundsätzlichen Veränderungen im Vertrieb heute und in Zukunft anstehen. Die Ergebnisse und Konsequenzen, die diese

Veränderungen für die Akquisition mit sich bringen, sind in dieser Auflage im 16. Kapitel zusammengefasst. Positiv fällt auf, dass Vertriebsmitarbeiter und Vertriebsleiter in zunehmendem Maße das „Stiefkind des Vertriebs", die Akquisition, adoptieren und alles Erdenkliche tun, um „Kontinuierliche Akquisitions-Power" zu entwickeln. Das ist gut so, und ich freue mich, dass mein Buch dazu einen Beitrag leistet. Entscheidend dabei ist, dass sich immer mehr Akquisiteure und Verkäufer von „jammernden Problemsuchern" zu „konstruktiven Lösungsfindern" entwickeln. Wie das gelingt, ist ebenfalls im neuen Kapitel 16 beschrieben. Und: Auf vielfachen Wunsch der Leserinnen und Leser enthält die zweite Auflage ein Stichwortverzeichnis.

Bevor es losgeht, gestatten Sie mir noch eine Anmerkung: Ich wende mich mit meinem Buch an alle, die in der Akquise, in Vertrieb und Verkauf tätig sind. Dabei erlaube ich mir, Sie in meinem Buch direkt anzusprechen. Um der besseren Lesbarkeit willen habe ich dabei auf die doppelgeschlechtliche Anrede verzichtet. Wenn ich also zum Beispiel von „Verkäufern" spreche, sind selbstverständlich die „Verkäuferinnen" mit gemeint. Das gilt dann auch bei anderen allgemeinen Begriffen wie etwa „Kunde": Die männliche und die weibliche Form sind jeweils eingeschlossen.

Nun aber los!

Teil 1: Kontinuierliche Akquisitions-Power: der KAP-Erfolgszirkel

KAP – das heißt „Kontinuierliche Akquisitions-Power". Die Akquisition beginnt stets mit der Festlegung Ihrer Ziele – wenn Sie aber die Controllingphase durchschritten haben, beginnt der Prozess von vorne. Es handelt sich also um einen dynamischen Prozess, der nie zu einem Abschluss gelangt. Erfolgreiche Akquisiteure sind bereit zum lebenslangen Lernen und wissen, dass stetige Weiterbildung und Weiterentwicklung Grundvoraussetzungen für anhaltenden und nachhaltigen Erfolg sind. Also: Erleben Sie, wie Sie die acht Segmente des Erfolgszirkels mit Leben und Ihrer Individualität füllen. Und wenn Sie Ihre Ziele schließlich überprüft haben, beginnen Sie wieder mit der Zielfestlegung.

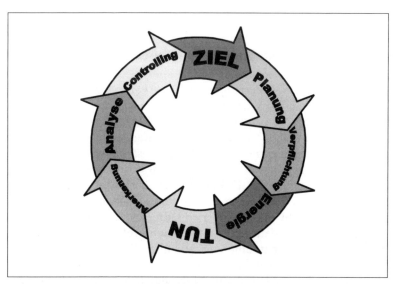

Der KAP-Erfolgszirkel begleitet Sie durch den ersten Teil dieses Buches und stellt die acht Phasen jeder erfolgreichen strategischen Akquisitionsplanung dar.

1. Adoptieren Sie das Stiefkind des Vertriebs: die Akquisition

Ich kenne viele erfolgreiche Verkäufer. Jeder von ihnen ist ein einzigartiger Mensch, jeder von ihnen hat sich im Laufe der Zeit eine ganz spezielle Vorgehensweise erarbeitet, um Kunden anzusprechen, zu gewinnen und zu begeistern. Aber eines verbindet sie miteinander: Sie gehen planvoll vor, sie wissen, was sie wollen, sie haben sich Ziele gesetzt, die sie beharrlich und kontinuierlich verfolgen. Sie richten ihre ganze Energie darauf, ihre Ziele zu erreichen, und bleiben nicht lange bei theoretischen Erörterungen stehen, sondern werden aktiv. Und sie überprüfen stets das, was sie erreicht haben, um noch besser zu werden, um sich noch ambitioniertere Ziele setzen zu können: Der Kreislauf beginnt wieder von vorne: Ziele setzen, planen, handeln ... – kurz: der KAP-Erfolgszirkel setzt sich in Bewegung. Was aber genau ist KAP? Das erfahren Sie jetzt!

Beweisen Sie strategischen Weitblick

Das Stiefkind vieler Verkäufer ist die Akquisition. Es gibt viele Gründe, warum es im Vertrieb bei manchen Verkäufern nicht funktioniert und der gewünschte Erfolg ausbleibt. Doch ein Hauptgrund, den ich immer wieder von Verkäufern selbst höre, ist, dass die Akquisitionsphase ihr größter Engpass ist und viele Angst davor haben, ihm gegenüber zu treten, um den ersten Schritt zu gehen, den Engpass aufzulösen. Dabei ist es egal, ob wir von dem ersten Anruf oder dem Erstbesuch bei einem möglichen Neukunden reden. Für mich gibt es dabei keinen Unterschied, denn die Hemmschwelle ist bei beiden Akquisitionsarten groß. Während der eine ein Problem damit hat, einen unbekannten Kunden anzurufen, um mit ihm zum Beispiel einen Präsentationstermin zu vereinbaren, hat ein anderer ein Problem damit, einen möglichen Interessenten vor Ort anzusprechen.

Noch schlimmer aber ist es, dass viele Verkäufer und auch Unternehmen gar nicht wissen, dass die Akquisition ihr größter Engpass, ja für manche sogar ihr größter unbekannter Feind ist. Unbekannt deswegen, weil sie ihren Hauptfokus auf die Erledigung der aktuell zu bearbeitenden Aufträge und Projekte richten, ohne sich Gedanken zu machen, was passiert, wenn der Auftrag abgearbeitet ist. Sie leben ganz und gar im Hier und Jetzt, ohne sich konkrete Gedanken über das Morgen zu machen. Natürlich ist es notwendig, seine Konzentration auf das operative Geschäft zu lenken – schließlich will der aktuelle Kunde das Beste von Ihnen! Aber ebenso notwendig ist es, strategischen Weitblick zu beweisen, sich Gedanken über die Zukunft zu machen und zu überlegen, welche neuen Akquisitionswege und welche Kundenpotenziale in Zukunft erschlossen werden müssen.

Ansonsten ergeht es Ihnen wie jener Werbeagentur, mit deren Geschäftsführern ich einen Termin hatte. Die beiden Herren erzählten mir, was für kreative Ideen sie bei ihren Kunden umsetzten. Da sie ausführlich von einem Kunden sprachen, der ihre Zeit sehr stark in Anspruch nahm, fragte ich sie nach weiteren Kunden, die sie haben. Dabei kam heraus, dass es außer ein paar kleineren Projekten, wie sie es nannten, nichts mehr an Umsatzpotenzial gab. Sie waren derzeit gut ausgelastet – aber sobald dieses Projekt zu einem Abschluss kommen würde, sah es recht düster aus. Folgeaufträge und -projekte: Fehlanzeige!

Als ich sie fragte, ob das Ende des Projektes bei ihrem Großkunden schon in Sicht sei, antworteten Sie mit leiser Stimme: „Ja, in fünf Monaten!" Das gab mir den Anlass, tiefer nachzufragen, was denn danach sei? Mit welchen Projekten sie ihr Unternehmen auf Erfolgskurs halten wollten, oder ob sie dann nach jenen fünf Monaten den Kunden von der Angel lassen müssten, ohne über neue Köder zu verfügen. Ratlose Gesichter – eine Stimmung der Verzweiflung machte sich breit. Bis einer der beiden Geschäftsführer mir sagte, dass sie von mir zu erfahren hofften, wie sie neue Projekte ohne Umsatzlücken an Land ziehen könnten.

Es war schon erstaunlich. Die Werbeagentur, deren Kapital doch die Kreativität ist, war nicht in der Lage, kreativ über den Tellerrand der derzeitigen Auftragslage zu schauen und den Blick in die Zukunft zu richten. Wie hypnotisiert starrten sie auf den Boden, ohne auch nur auf die Idee zu kommen, den Kopf zu erheben und zu überlegen, was denn „morgen" sein könnte, was denn „morgen" sein müsste. Sie waren an der kurzfristigen Ergebnisorientierung interessiert, und da waren sie wirklich gut und kreativ – aber ihnen fehlte die Vision, das Bild von der Zukunft, das ihnen Orientierung bot und aus der sie die Ziele für die Zukunft ableiten konnten. Und da die Akquisition eine in die Zukunft gerichtete Tätigkeit ist – sie sorgt dafür, dass Sie auch morgen Kundentermine haben und zum Kunden fahren können –, fehlte der Werbeagentur so gut wie jede Vorstellung darüber, wo sie denn zukünftige Kunden herbekommen konnten. Sie hegte und pflegte ihr Lieblingskind „operatives Geschäft" – die Akquisition aber führte ein kümmerliches Dasein als vernachlässigtes Stiefkind. Woran mag es liegen?

Machen Sie sich klar, was Akquisition für Sie bedeutet

Wer akquiriert, muss immer damit rechnen, zurückgestoßen zu werden, auf Granit zu beißen, das zu erleben, was landläufig als „Misserfolg" bezeichnet wird. Neben der Unfähigkeit, seine Gedanken vom aktuellen Tagesgeschäft loszureißen und den Blick in die Zukunft zu richten, scheint mir der tiefere Grund für das Stiefkinddasein der Akquisition in dieser Angst vor dem Misserfolg zu liegen.

Sicherlich: Es gibt immer wieder Kundengespräche oder Verkaufssituationen, die nicht Ihrer Vorstellung entsprechend verlaufen und folglich als Misserfolg bewertet werden – weil kein Erfolg, zum Beispiel ein Abschluss, zu vermelden war. Doch eigentlich sind dies keine Misserfolge, sondern – neutral betrachtet – *Ergebnisse oder Resultate*. Erst durch Ihre Bewertung und Interpretation wird aus solchen Vorgängen etwas Negatives.

Was Sie glauben, verkehrt zu machen, sind keine Misserfolge, nur *erzielte Ergebnisse*. Es gehört zu den Grundkonstanten des menschlichen Lebens, dass wir aus Fehlern lernen können. Der gesamte menschliche Lernprozess hat als Basis – eigene oder fremde – Fehler, die wir als Hinweis darauf verstehen, was besser gemacht werden muss und soll. Was wir oftmals als Misserfolg verbuchen, ist vor allem ein Feedback auf dem Weg zum Ziel. Jedoch: Auf dem Weg ins Berufsleben – bereits in Schule, Lehre, Ausbildung und Universität – geht uns diese Selbstverständlichkeit anscheinend verloren; es überwiegt die Angst davor, einen Fehler zu machen.

Einen (anscheinenden) Misserfolg als „Feedback auf dem Weg zum Ziel" zu interpretieren, setzt ein Umdenken voraus, das gewiss nicht von heute auf morgen zu bewerkstelligen ist. *Ein erster Schritt: Ersetzen Sie das Wort „Misserfolg" durch Begriffe wie „Ergebnisse" oder „Resultate".*

Um erfolgreich in der Akquisition zu sein, ist es wichtig, sich seiner Gedanken bewusst zu werden und zu fragen, was Akquisition überhaupt bedeutet. Wie denken Sie über das Thema Akquisition? Welche hemmenden bzw. fördernden Gedanken haben Sie? Überlegen Sie, ob auch anscheinende Misserfolge Ihnen letztlich nicht doch weitergeholfen haben – indem diese *Resultate* und *Ergebnisse* Ihnen nämlich geholfen haben, es beim nächsten Kunden besser zu machen!

Viele Akquisiteure und auch so manche Spitzenverkäufer haben außerordentlich gute, aber auch manchmal sehr schlechte Monate. Warum gibt es solche Höhen und Tiefen? Drei mögliche Gründe:

➤ Sie sind sich oft darüber unklar, was sie eigentlich konkret erreichen wollen.

➤ Sie schaffen sich keine ausreichend zwingenden Gründe, um ihre Ziele weiterzuverfolgen, wenn es einmal schwierig wird.

➤ Sie halten ihre eigenen Verpflichtungen nicht ein. Sobald das Geschäft läuft, wird die Akquisition vernachlässigt.

Um schlechte Monate und Tiefen zu vermeiden, ist es notwendig, zielgerichtet und kontinuierlich zu akquirieren und eine positive Einstellung zur Akquisition zu gewinnen. Akquisition ist kein lästiges Übel, kein „Stiefkind", sondern die Grundlage des Erfolgs, Ihre „Lebensversicherung" für morgen! Deshalb ist es wichtig, sich nicht von anscheinenden Misserfolgen entmutigen zu lassen, sondern jedes Akquisitionsergebnis daraufhin abzuklopfen, ob es Ihnen eine Entwicklungsmöglichkeit bietet, noch besser zu werden: Die richtige Einstellung ist der Erfolgsschlüssel zur erfolgeichen Akquisition. Was wir uns zutrauen, hängt davon ab, was wir über uns denken, an was wir glauben und was wir meinen, erreichen zu können.

Grau ist alle Theorie, grün nur des Lebens goldner Baum: Ich möchte Ihnen nun vier Fragen stellen, die Ihnen helfen sollen herauszufinden, was „Akquisition" für Sie persönlich bedeutet.

Die vier elementaren Fragen lauten:

1. Was ist das Ziel der Akquisition?

_____

_____

_____

_____

2. Warum ist Akquisition so wichtig?

_____

_____

_____

_____

3. Was verbinden Sie mit dem Wort „Akquisition"?

_____

_____

_____

_____

4. Was bedeutet „Akquisition" für Sie?

_____

_____

_____

_____

Zeigen Sie Ihre Ausführungen einem Kollegen, einem Freund oder Ihrem Partner. Welche Einstellung zur Akquisition wird aus Ihren Antworten deutlich? Und:

➤ Sind Sie sich der Bedeutung der Akquisition bewusst?
➤ Akzeptieren Sie sie als Grundlage Ihrer Tätigkeit als Verkäufer?

Nun gibt es zwei Möglichkeiten: Sie bejahen diese zwei Fragen – dann können Sie zum nächsten Abschnitt übergehen. Falls Sie mit Nein antworten, sollten Sie weiter an Ihrer Einstellung arbeiten.

Acht Schritte zur erfolgreichen Akquisition

Ich gratuliere Ihnen – Sie haben sich dafür entschieden, dass Sie die Akquisition nicht wie ein Stiefkind behandeln, sondern vielmehr zu Ihrer wichtigsten Aufgabe machen wollen. Nun sollten wir uns die wichtigsten Aspekte dieser Aufgabe anschauen. Wann können wir sagen, dass die Akquisition über „Power" verfügt?

1. Erfolgreiche Akquisition setzt ein detailliertes **Zielmanagement** voraus.

2. Um Ziele verwirklichen zu können, ist eine genaue **Planung** notwendig.

3. Planungsschritte lassen sich verwirklichen, wenn der Verkäufer sich **verpflichtet**, sie nach und nach sowie konsequent umzusetzen.

4. Erfolgreiche Umsetzung setzt voraus, seine **Energien** ganz und gar auf sie zu fokussieren.

5. Energiegeladene Umsetzung führt schließlich zum konkreten **Handeln** und **Tun**.

6. Wer erfolgreich handelt, darf sich **belohnen** und sich **anerkennend** auf die Schulter klopfen, um so weitere Motivation zu gewinnen.

7. Kontinuierliche Verbesserungen bei die Akquisition sind möglich, wenn permanent **analysiert** wird, wo es noch Optimierungspotenziale gibt.

8. Erfolgreiche Akquisition lebt davon, dass ein **Controllingsystem** ständig Aufschluss darüber gibt, ob das Zielmanagement immer noch stimmig ist oder geändert werden muss: Der Kreis schließt sich.

In den nächsten Kapiteln geht es darum, die einzelnen Phasen des KAP-Erfolgszirkels darzustellen. Doch bevor ich damit starte, stehen erst noch einmal Sie ganz und gar im Mittelpunkt.

Der Akquisitionspotenzial-Check

Wer permanente Akquisitions-Power entfalten will, muss über bestimmte Fähigkeiten und Kompetenzen verfügen. Nun geht es um den Stand Ihres eigenen Potenzials. Bevor wir die einzelnen Phasen des Erfolgszirkels durchleuchten, ist es wichtig zu erfahren, wo Sie heute stehen. In meinen Coachings und Trainings habe ich dazu eine Checkliste erstellt, die ich mit jedem einzelnen Verkäufer Punkt für Punkt durchgehe. Mithilfe dieser Checkliste können Sie Ihren so genannten Ist-Stand selbst ermitteln, um sich Ihrer Stärken und auch Schwächen bewusst zu werden.

Markieren Sie zu jedem Punkt, wo Sie zurzeit stehen, und überlegen Sie sich dann, wohin Sie sich entwickeln möchten, ja vielleicht sogar müssen, um effektiver zu sein. Überlegen Sie sich auch, wo Sie Ihren größten Engpass sehen. Machen Sie sich zudem Ihren stärksten Hebel bewusst, der Sie am allermeisten dabei unterstützt, erfolgreich zu akquirieren.

Gehen Sie die Liste auch mit einem Kollegen, Freund oder Ihrer Führungskraft durch. Es ist immer gut, eine unabhängige Meinung einzuholen bzw. die Selbsteinschätzung einer Fremdeinschätzung gegenüberzustellen und diese miteinander abzugleichen.

sehr schlecht								hervorragend		
Wie beurteilen Sie Ihre Fähigkeiten in Bezug auf:	**1**	**2**	**3**	**4**	**5**	**6**	**7**	**8**	**9**	**10**
1. Eigenmotivation										
2. Begeisterung										
3. Kreative Ideen umsetzen										
4. Beim Interessenten Interesse wecken										
5. Interessenten zu Käufern machen										
6. Sichere Bedarfsanalyse										

7. Kommunikationsfähigkeit	
8. Zwischenmenschliche Beziehungen	
9. Empfehlungsgeschäft nutzen	
10. Terminvereinbarung am Telefon	
11. Überzeugende Präsentation	
12. Sichere Argumentation	
13. Strukturierte Gesprächsführung	
14. Bedarf emotional wecken	
15. Zeit- und Selbstmanagement	
16. Ergebnisorientiertes Akquirieren	
17. Sicher abschließen	

Wie gut bewerten Sie Ihre Akquisitionswege?	1	2	3	4	5	6	7	8	9	10
18. Kunden anfragen										
19. Kaltakquisition vor Ort										
20. Telefonakquisition										
21. Vereinbarte Termine, die stattfinden										
22. Mailingaktion										
23. Empfehlungsgeschäft										
24. Call-Center legt Termine fest										
25. Kooperationspartner										
26. Multiplikator										
27. Cross Selling/Zusatzgeschäft										

Wie hoch ist Ihre Erfolgsquote im Durchschnitt?	1	2	3	4	5	6	7	8	9	10
28. Durchschnittliche Anzahl der Termine pro Tag										
29. Durchschnittliche Abschluss- quote bei 10 Terminen										
30. Wie viele Neukunden gewinnen Sie pro Monat?										

Diese 30 Punkte umfassen die wichtigsten Eigenschaften eines erfolgreichen Akquisiteurs und Verkäufers. Sie sollten in möglichst vielen Bereichen eine „hervorragende" Bewertung (7 bis 10) erreichen, zumindest aber eine 5 oder 6. In allen Bereichen, in denen Ihr Wert unter 5 liegt, sind dringend Verbesserungsmaßnahmen notwendig. Dieses Buch will Ihnen helfen, Ihre Schwächen zu schwächen und zugleich Ihre Stärken zu stärken, damit Sie auch in den Bereichen, in denen Sie über gute Werte verfügen, noch besser werden.

Nun haben Sie Ihr aktuelles Potenzial ermittelt und können die Kapitel in diesem Buch je nach Ihren Potenzialen unterschiedlich gewichten und durcharbeiten. Wenn ich den Akquisitionspotenzial-Check in meinen Coachings mit den Vertriebsleitern bespreche, ist es immer wieder spannend für jeden einzelnen Mitarbeiter zu erfahren, welches Potenzial bei ihm brachliegt und weiter ausgebaut werden kann. Ich wünsche Ihnen viel Spaß auf Ihrer „Potenzial-Entdeckungsreise"!

Bleiben Sie kontinuierlich und kraftvoll am Ball

Sie wissen nun, was mit Akquisitions-Power gemeint ist und aus welchen Phasen sich der Erfolgszirkel zusammensetzt. Sie haben geprüft, welche Potenziale Ihnen zur Verfügung stehen, um die Power zu entfalten, und wissen, welche Power Sie noch ausbauen müssen. Nun fehlt noch die Erläuterung dessen, was sich hinter den Wörtern „kontinuierlich" und „Power" verbirgt.

Kontinuierlich – die ganze Verkaufsarbeit besteht im Grunde genommen aus einem einzigen Punkt: Kunden besuchen! Zeigen Sie mir einen einzigen Verkäufer, der jeden Tag seine vereinbarte Anzahl an Kunden besucht, dann werden Sie einen Menschen sehen, der ganz einfach Erfolg haben muss! In der Formel „KAP" steht das „K" für das immer wiederkehrende, lückenlose und permanente Akquirieren – ich möchte dies ein Erfolgsgesetz nennen.

Bei diesem Erfolgsgesetz geht es darum, den „inneren Schweinehund" zu überwinden und kontinuierlich an seiner Leistung zu arbeiten. Es ist nicht Sinn der Sache, einmal mit fünf Kunden erfolgreich zu sein, sondern dieses Pensum täglich zu erfüllen. Das Erfolgsrezept liegt nicht in der Menge der Termine, sondern in der Kontinuität.

Es sind nur drei kleine Wörter, die den Erfolgreichen herausheben. Sie lauten: „*... und etwas mehr!*" Erfolgreiche Verkäufer tun alles das, was man von ihnen erwartet – und etwas mehr! Sie agieren so viel, wie jeder andere auf seinem Gebiet – und etwas mehr! Das aktive und kontinuierliche Planen der Akquisition ist ein guter Weg zum Verkaufserfolg. Um den Gipfel des Akquisitionserfolgs zu erklimmen, gibt es keinen Aufzug, man muss die manchmal beschwerliche und schweißtreibende Treppe benutzen. Erfolgreich sein heißt, motiviert sein und Leistung erbringen. Ein Mitarbeiter, der sich bemüht, nur mitzukommen, wird eines Tages von denjenigen überrundet, die bereit sind, alles zu geben – „und etwas mehr". Das Wort Erfolg ist unabdingbar mit Fleiß verbunden. Wenn Sie erfolgreich akquirieren wollen, müssen Sie mit möglichst vielen Kunden sprechen. Es gibt vier einfache Regeln, wie Sie dies erreichen:

1. Leute ansprechen,
2. genügend Leute ansprechen,
3. die richtigen Leute ansprechen und
4. wieder genügend richtige Leute ansprechen.

Wer einen Fisch fangen will, muss ans Wasser gehen. Wer Verkaufsgespräche durchführen will, muss seine Kunden ansprechen. Bedenken Sie, es gibt nur wenige, denen ein natürliches Akquisitionstalent angeboren ist. Wer dieses Talent hat, startet mit einem Vorteil. Doch ein durchschnittlicher Verkäufer kann dieses Manko ausgleichen, indem er eine überdurchschnittliche Anzahl von Gesprächen durchführt und somit oftmals mehr Abschlüsse erreicht als der überdurchschnittlich talentierte Kollege, der nur eine durchschnittliche Anzahl an Akquisitionsgesprächen führt.

Kommen wir nun zum „P" in der KAP-Formel, kommen wir zur *Power*. Wer kontinuierlich akquirieren will, muss über Geduld, Beharrlichkeit und Energie verfügen. Er muss kraftvoll und unbeirrt an der Erreichung seiner Ziele arbeiten und die Umsetzungsmaßnahmen, die zur Zielerreichung führen, konsequent verfolgen. Dazu sind Kraft und Energie notwendig – eben Power – ein beständig ressourcevoller Zustand, der mich meinen Zielen stetig näher bringt.

Fazit und: Was Sie jetzt sofort tun sollten

- Überprüfen Sie Ihre Meinung und Einstellung zum Thema „Akquisition".
- Verdeutlichen Sie sich, dass die Akquisition die Grundlage jedes professionellen Verkaufens ist.
- Akquisition heißt, permanent neue Kunden anzusprechen. Ein Verkäufer, der sich keine Zeit nimmt, Neukunden zu akquirieren, ist wie ein Mensch, der sich keine Zeit nimmt zu essen. Früher oder später wird er verhungern.
- Setzen Sie sich mit den acht Segmenten des Erfolgszirkels auseinander.
- Stellen Sie fest, welche Akquisitionsstärken Sie haben und welche -schwächen. Stärken Sie die Stärken, vermindern Sie die Schwächen.
- Akquisitions-Power heißt, die acht Segmente bei jeder Akquisitionstätigkeit zu berücksichtigen und energievoll zu verfolgen.
- KAP-Formel umsetzen: kontinuierliche Ansprache, professionelle Akquisition, ständige Power.

Falls die Akquisition Ihr Engpassfaktor ist, sollten wir nun ganz schnell über kreative Wege der Neukundengewinnung sprechen. Und dazu ist es notwendig, die einzelnen Phasen des Erfolgszirkels durchzugehen.

2. Ihre Ziele bestimmen Ihre Akquisitionsrichtung

Am Anfang jeder erfolgreichen Akquisition steht das Ziel. Wer sein Ziel nicht kennt, weiß auch nicht, welche Wegstrecke er einplanen und gehen muss, welche Verpflegung (Energien) er mitnehmen sollte, wann und von wo er starten muss (Tun), und er kann nicht überprüfen, auf welchem Teilabschnitt des Weges zum Ziel er sich befindet. Ohne Ziel ist alles nichts. Sie erfahren jetzt, wie Sie Ihre Ziele festlegen können.

Zünden Sie den Motor zur Zielerreichung

Eines Tages kam ein junger Mann zu Sokrates, der für seine Weisheit bekannt war, und fragte: „Was ist das Geheimnis für Erfolg im Leben?" Sokrates antwortete: „Komm morgen früh zum Fluss." So geschah es. Am nächsten Morgen standen sie am Ufer, und Sokrates sagte: „Jetzt gehen wir in den Fluss." Der junge Mann folgte Sokrates bereitwillig. Als beide bis zum Hals im Wasser standen, packte Sokrates den jungen Mann ganz plötzlich und drückte seinen Kopf unter Wasser. Der arme Kerl wehrte sich verzweifelt, aber Sokrates ließ ihn nicht los. Lange, lange nicht. Als er endlich seinen Griff lockerte, prustete und hechelte der junge Mann völlig außer sich. Sokrates fragte: „Als du dort unten im Wasser warst: Was wolltest du am meisten?" „Luft natürlich!", rief der junge Mann. „Siehst, du", sagte Sokrates, „das ist das Geheimnis des Erfolgs. Wenn du Erfolg so sehr willst, wie du unter Wasser Luft wolltest, dann wirst du auch Erfolg haben."

Verkäufer müssen lernen, sich die Gründe für ihr Tun bewusst zu machen. Sie müssen wissen, warum sie überhaupt akquirieren sollten, denn der Akquisitionserfolg gibt den Verkäufern die „Luft" zum Leben. Es gibt sehr wohl Gründe, warum Verkäufer nicht das erreichen, was sie wollen. Wir haben alle schon einmal gehört, dass wir uns Ziele setzen müssen, wenn wir erfolgreich werden möchten. Denn wer seine Ziele nicht kennt, braucht sich über die zumeist mittelmäßigen Ergebnisse nicht zu wundern.

Zum Thema Zielmanagement gibt es interessante Literatur und zahlreiche Seminare. Darum möchte ich das Thema zur allgemeinen Zielsetzung und Zielerreichung nur streifen und Ihre Aufmerksamkeit mehr auf den Zielerreichungsprozess in der Akquisition richten. Einer Studie der Yale University zufolge erarbeiten sich nur fünf Prozent der Menschen schriftliche Ziele und Pläne für die Umsetzung. Genau diese fünf Prozent sind aber auch erfolgreicher und glücklicher in Beruf und Privatleben als die übrigen 95 Prozent.

Warum nur erreichen viele Verkäufer nicht, was sie sich vorgenommen haben? Nun, sie schaffen sich keine „ausreichend zwingenden Gründe", um ihre Ziele weiter zu verfolgen, wenn es einmal schwierig wird. Doch erst wenn Sie sich Ziele setzen und sich dabei Ihre Gründe klar machen, die Sie diese Ziele setzen lassen, sichern Sie sich einen langfristigen Motivationsschub und die notwendige Energie, die zur Zielerreichung unerlässlich ist. Das ist das Geheimnis des dauerhaften Erfolgs.

Die Gründe sind der Motor zur Zielerreichung – das zeigt sich auch dann, wenn wir nach einem überdurchschnittlichen Erfolg, etwa nach einem erfolgreichen Geschäftsjahr, von unseren Mitmenschen gefragt wurden: „Was waren deine *Gründe*, so beharrlich zu arbeiten, und wie hast du es schließlich geschafft ...?"

Definieren Sie Ihre Ziele in acht Schritten

Sie brauchen gute Gründe, um beharrlich und kontinuierlich zu akquirieren. Dabei sind nicht nur die Unternehmensziele von Bedeutung, auf die Sie Ihre persönlichen Ziele stets abstimmen müssen. Denn Ihre Ziele dürfen natürlich nicht zu denen des Unternehmens oder Ihrer Vertriebsabteilung im Widerspruch stehen. Jedoch sind es Ihre persönlichen Lebensziele, durch die Sie Akquisitions-Power und -Impulse gewinnen. Diese sorgen für den nötigen Brennstoff für Ihre zwingenden Gründe. Erfolgreiche Menschen und erfolgreiche Verkäufer verfügen so gut wie immer über eine Vision, die mehr umfasst als nur die materielle Seite, etwa: „Ich möchte mein Leben so gestalten, dass ich anderen Menschen einen Nutzen biete." Wer das Wort „Menschen" durch das Wort „Kunden" ersetzt, sieht, dass eine Lebensvision durchaus keine abgehobene Angelegenheit von Menschen ist, die sich nach einem Wort des Altkanzlers Helmut Schmidt – der einmal sagte: „Wer Visionen hat, muss um Arzt gehen" – in medizinische Behandlung begeben sollten. Denn aus einer Lebensvision leitet sich alles andere ab: die Umsetzungsstrategie, die Grundsätze, mit denen man sein berufliches und privates Leben gestaltet, die großen Hauptziele, die kleinen Teil- und Unterziele, die konkreten Umsetzungsmaßnahmen.

Nun geht es in diesem Buch nicht darum, Hilfestellung zur Entwicklung einer Lebensvision zu geben, es geht um die Akquisition. Ich möchte aber darauf hinweisen, dass auch Ziele zu einem kleinen und fest umrissenen Bereich Ihres Lebens – wie es die Akquisition ist – an Durchschlagskraft und Verbindlichkeit gewinnen, wenn sie sich auf dem festen Fundament einer umfassenden Lebensvision befinden und aus diesem Fundament abgeleitet werden. Wichtig ist, bei der Lebensvision nicht nur den beruflichen Bereich zu beachten, sondern auch alle anderen Lebensbereiche. Die folgende Abbildung zeigt, welche Lebensbereiche in Frage kommen:

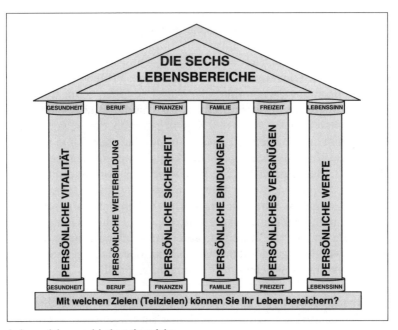

Lebensvision und Lebensbereiche

Hinzu kommt: Durch eine Vision entsteht Konzentration – man richtet seine Energie darauf aus, sie zu verwirklichen. Energie für etwas, das wir als Lebensvision bezeichnen, verleiht die notwendige Stoßkraft, um Ziele auch zu erreichen.

Ich möchte Ihnen nun acht effektive Schritte zur Zielerreichung in der Akquisitionsphase aufzeigen.

Schritt 1: Schreiben Sie 15 Minuten lang einfach alles auf, was Sie in Ihrem Leben haben, tun, sein, schaffen, geben, entdecken und erreichen wollen. Alles, was Ihnen so einfällt: materielle Dinge und emotionale Dinge. Dies für alle Lebensbereiche wie zum Beispiel Gesundheit, Beruf, Familie, Freizeit und Finanzen.

Machen Sie diese Wünsche für sich greifbar. Stellen Sie sich vor, wie es wäre, wenn Sie diese Wünsche bereits erreicht hätten. Was sehen, hören, fühlen Sie? Ja, vielleicht können Sie auch etwas riechen und schmecken. Denn: Nichts geschieht, ohne dass ein Traum vorausgeht.

Schritt 2: Damit Sie diese Wünsche und Träume erreichen, formulieren Sie jetzt die dafür notwendigen Ziele positiv und konkret. Konzentrieren Sie sich auf das, was Sie möchten, und vergeuden Sie keine Zeit mit Dingen, die Sie nicht möchten. Prüfen Sie daher, ob Ihre Zielformulierungen ohne die Wörtchen „nein", „nicht", „keine" usw. niedergeschrieben sind. Hinzu kommt: Gleichen Sie Ihre persönlichen Ziele auch mit den Zielvorgaben ab, die Sie von Ihrem Unternehmen bekommen. Passen Ihre persönlichen Ziele mit den von Ihrer Abteilung vorgegebenen Akquisitionszielen zusammen? Das heißt: Berücksichtigen Sie bereits bei der Formulierung Ihrer Ziele die Vorgaben, die für Ihre Abteilung und Ihren Bereich gelten. Gewiss geben Ihnen die Gespräche mit Ihrem Vorgesetzten – etwa die regelmäßigen Zielvereinbarungsgespräche – Gelegenheit, Ihre Ziele und die der Abteilung aufeinander abzustimmen. Das ist wichtig, weil Ihre grundsätzlichen Ziele immer auch mit Ihren konkreten Akquisitionszielen im Zusammenhang stehen.

Schritt 3: Definieren Sie Ihre klaren Ziele schriftlich. Geben Sie diesen Zielen messbare Kriterien, an denen Sie erkennen, dass ein Ziel erreicht ist. Vermeiden Sie Vergleiche wie „Ich möchte mehr als jetzt" oder „Ich möchte besser sein als vorher". Setzen Sie sich Fristen. Überlegen Sie dabei genau, wann Sie sich vorstellen können, diese Ziele erreicht zu haben.

Schritt 4: Ihre Ziele dürfen nur von Faktoren abhängig sein, die Sie selbst bestimmen und beeinflussen können. Überprüfen Sie Ihre Ziele dahingehend.

Schritt 5: Überlegen Sie, ob Ihre Ziele auch wirklich diejenigen sind, die Sie erreichen *wollen*. Schreiben Sie zu diesem Zweck die Gründe auf, warum Sie diese Ziele unbedingt erreichen müssen. Machen Sie sich auch die Konsequenzen bewusst, was es für Sie bedeutet, wenn Sie dieses Ziel erreichen bzw. nicht erreichen. Förderliche Fragen hierzu sind:

➤ Was sind meine obersten Jahresziele?
➤ Warum werde ich diese Ziele erreichen?
➤ Was ist, wenn ich die Ziele nicht erreiche?

Schritt 6: Formulieren Sie Ihre Ziele jetzt so, als ob Sie diese bereits erreicht hätten, beispielsweise: „Ich bin ...", „ich habe ...".

Schritt 7: Verpflichten Sie sich jetzt, Ihre Ziele auch zu verwirklichen – ganz egal, was kommt. Überlegen Sie sich nochmals die Gründe, die Sie letztlich zwingen, Ihre Ziele zu verwirklichen. Verbinden Sie gedanklich die Freude, die es Ihnen bereitet, wenn Sie Ihre Ziele erreicht haben, und den Schmerz, den Sie haben, wenn Sie diese nicht erreichen. Setzen Sie hierzu die Konsequenzen als Hebelwirkung ein, um das Ganze nochmals zu verstärken.

Schritt 8: Zum Schluss einer der wichtigsten Punkte: Formulieren Sie Ihre Ziele sinnesspezifisch. Das heißt, benutzen Sie alle Sinneskanäle: Sehen, Hören, Fühlen, Riechen und Schmecken. Denn alles, was Sie nach außen erreichen wollen, müssen Sie erst innerlich für sich erleben.

Stellen Sie sich nun Ihre Ziele nochmals vor und halten Sie fest, was das Erreichen Ihrer Ziele sowohl Ihnen als auch anderen bringt, und was daraus folgt, wenn Sie sie erreicht haben. Danach überlegen Sie, warum es Ihnen wichtig ist, diese Ziele zu erreichen. Nehmen Sie sich noch einmal die Gründe vor, warum Sie sie erreichen wollen.

Diese Motive werden dann zu Ihrem stärksten Antriebsmotor auf dem Weg zur Erreichung der Ziele. Überlegen Sie sich das „Warum", dann werden Sie immer ein „Wie" finden. Das heißt: Wenn Ihre Motivation groß genug ist, wird sich immer auch ein Weg finden lassen.

Das motivierende „Warum"

Wie motivierend ein „Warum" sein kann, möchte ich Ihnen an einem kleinen Bespiel erläutern: Ein Freund von mir, der im Finanzdienstleistungsbereich tätig ist, war ein recht erfolgreicher Mitarbeiter eines Unternehmens. Er erfüllte stets die Zielvorgaben seines Abteilungsleiters, ohne aber zu den Topleuten zu gehören. Dann sah er Vaterfreuden entgegen – und das Kind wurde mit dem Down-Syndrom geboren. Das änderte schlagartig sein Leben – sein privates sowieso, aber auch sein berufliches. Und schließlich sagte er zu mir: „Ich weiß jetzt, wofür ich arbeite: Nicht nur, um über die finanziellen Möglichkeiten zu verfügen, die es mir erlauben, meiner Tochter bestimmte Bildungsmöglichkeiten zu eröffnen. Ich weiß, dass es da jemanden gibt, der sehr auf mich angewiesen ist, vor allem auf meine Zeit, die ich mit ihr verbringe, auf meine Zuwendung und meine Hilfe." Dieser Freund absolvierte dann gleich mehrere Weiterbildungskurse, arbeitete gezielt an der Verbesserung seiner Stärken – auch, indem er seine Führungskraft um tatkräftige Unterstützung bat – und erreichte schließlich sein Ziel, zu den Topleuten zu gehören.

Der Mensch interessiert sich nun einmal nicht nur für das „Was" und „Wie", sondern vor allem für das „Warum" – seines Lebens, seiner Handlungen, seiner beruflichen Tätigkeit.

Ich fasse noch einmal die Schritte eines wirkungsvollen Zielprozesses in der Akquisition zusammen:

➤ Wünsche und Träume aufspüren und notieren,
➤ Ziele klar und deutlich definieren und anhand der genannten Regeln für die Zielformulierung überprüfen,
➤ überlegen, welches Ergebnis Sie mit Ihren Zielen anstreben und wann Sie diese erreichen möchten.

Nachdem Sie durch den Zielprozess gewandert sind, ist es wichtig, dass Sie ein Gefühl der inneren Begeisterung aufbauen, um wirkungsvoll und authentisch zu sein.

Sie erreichen Ihre Ziele, wenn Sie sich in einem guten Zustand befinden

Wie erreichen wir das Gefühl der Freude, ja vielleicht sogar der Begeisterung für die Akquisition? In meinen Seminaren verdeutliche ich dies gerne anhand einer Übung. Ich bitte die Teilnehmer, sich untereinander zu begrüßen und gebe ihnen folgende Anweisungen:

Als erstes sollen sie eine Person begrüßen und sich selber dabei unsicher fühlen. Danach sollen sie sich vorstellen, sie seien sich ihrer Sache sicher. In einem dritten Schritt sollen sie ihr Gegenüber so begrüßen, als ob von ihm ihr Einkommen abhängt. Zuletzt bekommen sie von mir die Anweisung, ihr Gegenüber so zu begrüßen, als ob es ihr bester Freund wäre.

Interessant zu beobachten ist, dass manche Teilnehmer bei dem ersten Schritt (Unsicherheit) ihrem Gegenüber nicht in die Augen schauen können oder sie den anderen mit einem vorsichtigen Händedruck begrüßen. Doch beim zweiten Schritt, bei dem sie die Aufgabe haben, sich sicher zu fühlen, können sie ihrem Gegenüber auf einmal direkt in die Augen schauen, mit einem entschlossenen Schritt auf ihn zugehen und mit einem festen Händedruck begrüßen. Bei dem dritten Schritt, bei dem alles von ihrem Gegenüber abhängt, verhalten sich manche sehr aufdringlich und überschütten den Gesprächspartner mit übertriebenen Floskeln. Ganz anders ist das Verhalten gegenüber dem besten Freund (letzter Schritt). Hier begrüßen sich die Teilnehmer zumeist mit einer herzlichen Umarmung und lächeln sich freudestrahlend an.

Diese Übung zeigt den Teilnehmern, dass sich ihre Gefühle und Gedanken in ihrem Verhalten widerspiegeln. Dabei geht es bei dieser Übung nur darum, sich die verschiedenen Situationen vorzustellen, und nicht darum, sich anders zu verhalten. Das Resultat führt zur Frage: Wie stark ist dann erst unser Verhalten von unseren Gedanken und Gefühlen abhängig, wenn es sich nicht um eine Übung handelt, sondern um ein echtes Kundengespräch?

Wechseln Sie von der Muss- in die Traumphase

Mal angenommen, Sie stehen jetzt vor einem neuen Kunden und sind sich Ihrer Sache unsicher, haben Angst vor dem, was auf Sie zukommt. Sie denken darüber nach, wie Sie Ihre nächste Rate für das Haus bezahlen sollen, wenn es Ihnen nicht gelingt, diesen Kunden zu gewinnen, den Auftrag zu akquirieren, den Abschluss zu tätigen und die Provision zu erhalten. Wie werden Sie dem Kunden begegnen? Wie wird der Kunde Sie wahrnehmen? Können Sie sich vorstellen, dass der Kunde Ihre Unsicherheit bemerkt und sich nicht von Ihnen und Ihren Argumenten überzeugen lässt? In dieser so genannten Mussphase, in der der Verkäufer unter dem großen Druck steht, akquirieren zu *müssen*, ist es sehr schwer, Freude und Spaß an der Akquisition zu finden. Das nachhaltige Gelingen der Akquisition ist in Frage gestellt.

Anders verhält es sich in der Traumphase. Stellen Sie sich nur mal vor, Sie können jeden Menschen als Neukunden gewinnen – ganz gleich, wen Sie ansprechen. Sie akquirieren in einer Zeit, in der es gar nicht nötig ist, da Sie erfolgreich sind und alles optimal läuft. In dieser ungezwungenen Situation wirken Sie selbstsicher, und es macht Ihnen Spaß und Freude zu akquirieren. In dieser Phase wird der Kunde Sie als selbstbewusst, sicher, kompetent und überzeugend wahrnehmen. Und ich bin sicher: Der Abschluss wird gelingen.

Wir müssen uns also darüber im Klaren sein, wie ausschlaggebend unsere Gefühle dafür sind, wie wir von den Kunden wahrgenommen werden. Denn die Gefühle bestimmen unser Verhalten und den Grad der Selbstsicherheit, mit dem wir einem Kunden begegnen. Die folgende Abbildung fasst das Gesagte zusammen.

Was bedeutet dies für Ihre Ziele und die Zielerreichung? Entscheidend für die Zielerreichung ist der Zustand, in dem Sie sich befinden. Ihre Gefühlssituation bestimmt die konkrete Ausgestaltung der Akquisitionssituation. Wenn Sie Ihre Ziele erreichen wollen, sollten Sie sich in dem Zustand befinden, der der Traumphase ähnelt. Doch wie kann es gelingen, diesen Zustand herbeizuführen? Wichtig ist die innere Kommunikation: Unter innerer Kommunikation verstehen wir all das, was wir uns an inneren Bildern vorstellen, wie wir es uns vorstellen, was wir innerlich sagen, hören und wie wir

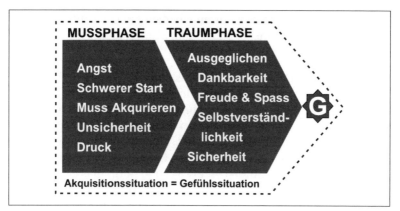

Von der Muss- in die Traumphase

es sagen und hören. Diese Bilder und Worte wirken auf unseren Zustand. Wem es gelingt, positive innere Bilder zu malen, der hat die Möglichkeit, nach außen hin als kompetent, zuverlässig und glaubwürdig wahrgenommen zu werden.

Hinzu kommen muss dann allerdings noch eine weitgehende Übereinstimmung zwischen Ihren Werten, Überzeugungen, Denkweisen und Handlungen. Das heißt: Ihr Verhalten muss stimmig sein – und das ist der Fall, wenn es bei einem Menschen keinen Widerspruch zwischen seinen Werten, Überzeugungen, seinen Fähigkeiten und Verhaltensweisen gibt. Wer mit anderen in Kontakt tritt, muss voll und ganz hinter dem stehen, was er sagt und tut. Dies erreicht er durch die Übereinstimmung zwischen seinem Denken und seinem Tun.

Der Weg, zu mehr Glaubwürdigkeit und Authentizität zu gelangen, führt über ein Verhalten, das den eigenen Werten entspricht. Es ist daher sehr wichtig, der Einstellung die entsprechenden Handlungen im konkreten Umgang mit den Kunden folgen zu lassen. Ihr Kunde wird Sie als in sich stimmige Persönlichkeit wahrnehmen, wenn Ihr Verhalten

➤ von Ihren Fähigkeiten getragen wird, Sie also über die menschlichen und unternehmerischen Kompetenzen verfügen, das Problem des Kunden zu lösen und Vertrauen zu ihm aufzubauen,

➤ nicht im Widerspruch zu Ihren Überzeugungen steht, mithin Ihr Bemühen, Vertrauen aufzubauen, von einer kundenorientierten Einstellung getragen wird.

Doch zurück zur Bedeutung Ihres Zustands für Ihre Zielerreichung: Was können Sie tun, um sich innerhalb von Sekunden in einen die Akquise fördernden Zustand zu bringen? Zunächst einmal ist es wichtig, dass Sie sich bewusst machen, dass nicht die Umstände für Ihren momentanen Zustand verantwortlich sind, sondern Sie selbst. Wenn Sie selbst die Verantwortung für Ihren Zustand übernehmen, dann haben Sie auch die Macht, etwas zu ändern. Das ist der wichtigste Schritt! Wenn Sie diesen für sich akzeptiert haben, ist er zugleich der schnellste Weg, um aus einem schlechten Zustand heraus zu kommen.

Nachhaltig wirkungsvoll können Sie Ihren Zustand verändern, indem Sie Ihren Fokus und Ihre Bewertungen der Ereignisse ändern. Konzentrieren Sie sich auf das, was Sie wollen – und nicht darauf, was Sie nicht wollen oder müssen. Anders ausgedrückt: Begeben Sie sich in die Traumphase! Schaffen Sie sich Bilder und Worte von dem, was Sie haben möchten. Richten Sie Ihren Fokus auf die Möglichkeiten und auf die Lösungen, nicht auf die Schwierigkeiten. Welche positiven Aspekte hat das Problem für Ihre Akquisition? Welche Chancen tun sich aufgrund des Problems auf einmal auf, die vorher nicht da waren? Was lernen Sie aus dieser Situation? Wie können Sie aus der Situation einen positiven Nutzen für Ihre Akquisition ziehen?

Lenken Sie also den folgenden „Vierschritt der bedrückenden Mussphase":

1. Schritt – *Wenn wir etwas negativ sehen, haben wir*

2. Schritt – *negative Gedanken, die uns Energie rauben und somit*

3. Schritt – *in einen negativen Zustand bringen, sodass wir uns*

4. Schritt – *ablehnend verhalten.*

um in den förderlichen „Vierschritt der Traumphase":

1. Schritt – *Wenn wir etwas positiv sehen, dann bringt uns das*

2. Schritt – *fördernde Gedanken, die uns Kraft geben und uns in einen*

3. Schritt – *guten Zustand versetzen, in dem wir uns*

4. Schritt – *nutzbringend oder engagiert verhalten.*

Eine weitere Möglichkeit, sich in einen Zustand zu versetzen, in dem es Ihnen leichter fällt, Ihre Ziele zu realisieren, ist der folgende: Drehen Sie einen Film. So einfach es heute ist, durch das Programmieren eines Videorecorders einen Film aufzunehmen, so einfach ist es auch für Sie, Ihren Wunschfilm und damit Ihr Wunschziel in Ihr Unterbewusstsein einzuprogrammieren. Wenn Sie reisen, werden Sie, sofern Sie eine Videokamera mitnehmen, von Ihrer Reise einen Film drehen, um ihn sich zu Hause anzuschauen. Da Sie, im Gegensatz zur Situation einer beendeten Reise, Ihr Ziel noch nicht erreicht haben, bedienen Sie sich einfach eines kleinen Tricks und machen einen Sprung ans Ende Ihrer Reise – nämlich ans Ziel.

Stellen Sie sich vor, Sie hätten Ihren Film bereits gedreht und würden ihn jetzt anschauen. Stellen Sie sich vor, Sie haben alles so gefilmt, wie es war, als Sie Ihr Ziel erreichten. Visualisieren Sie das Erreichen Ihres Zieles, lehnen Sie sich entspannt zurück, schließen Sie die Augen, machen Sie es sich gemütlich, hören Sie Musik, schaffen Sie sich eine angenehme Atmosphäre. Und nun schauen Sie sich den Tag an, an dem Sie alles erreicht haben. Wie sieht so ein idealer Tag aus? Nutzen Sie dazu wiederum die sinnesspezifischen Vorstellungen, indem Sie sich umschauen und umhören, indem Sie fühlen, riechen und schmecken. Gestalten Sie Ihren Film farbenfroh, geben Sie ihm angenehme Töne, zoomen Sie die schönsten Bilder groß, beobachten Sie dabei genau alle Bewegungen. Wie würde dieser Tag aussehen? Wer wäre noch dabei? Wo würden Sie sein? Was würden Sie tun? Was könnten Sie hören? Welche Gefühle haben Sie dabei? Schauen Sie sich alles in Ruhe an. Es ist Ihr Tag. Es ist der Tag, an dem Sie Ihr Ziel erreicht haben. Genießen Sie ihn!

Fazit und: Was Sie jetzt sofort tun sollten

- Bestimmen Sie Ihre konkreten Ziele für die Akquisition.
- Leiten Sie diese Ziele aus Ihrer übergreifenden (Lebens-) Vision ab.
- Benutzen Sie dazu die acht effektiven Schritte zur Zielerreichung in der Akquisitionsphase.
- Sie erreichen Ihre Ziele am besten, wenn Sie sich in einem Zustand befinden, der von positiven und motivierenden Gefühlen und Gedanken geprägt ist. Überlegen Sie, was Sie tun können, um sich möglichst oft in die Traumphase der Akquisition zu begeben.
- Konzentrieren Sie sich auf das, was Sie wollen – und nicht darauf, was Sie nicht wollen oder müssen.

Sie haben nun Ihre Ziele klar fixiert und sich auf die Zielerreichung programmiert. Was jetzt noch fehlt, ist die Bewegung in Richtung auf die Ziele. Dazu brauchen Sie einen Plan, eine Landkarte. Beginnen Sie nun, zur Verwirklichung Ihrer Ziele einen Plan zu entwerfen. Fangen Sie einfach an. Denken Sie an das Beispiel mit der Hummel, die nach aerodynamischen Berechnungen gar nicht fliegen kann, aber einfach fliegt. Vermeiden Sie, dass es Ihnen so geht wie der Hummel.

Also, noch einmal:

➤ *Nehmen Sie Ihre Landkarte zur Hand (Ziele).*

➤ *Schultern Sie Ihr Reisegepäck (Formulierung der Ziele und Teilziele).*

➤ *Machen Sie sich auf den Weg zum dritten Kapitel – und damit zur Planungstafel, um das zu erreichen, was Sie sich vorher schon in Ihrem „Gedankenvideo" angeschaut haben.*

3. Ihr Akquisitionsplan als Erfolgstraining

Gerade hinter den Akquisitionserfolgen, die dem Betrachter wie im Fluge errungen erscheinen, steckt die meiste schweißtreibende Planung, ein detaillierter Plan, der den Zufall zum Feind hat. Wer einen auf seine Ziele abgestimmten Plan erstellt, hat die Möglichkeit, die Zielerreichung zu überprüfen, Korrekturen vorzunehmen und konkrete Umsetzungsschritte einzuleiten. Welches Hilfsmittel gibt es, einen solchen Plan zu erstellen?

Der Unterschied liegt im Detail

Jedes Jahr schließen sich neue Verkaufstrainerinnen und Verkaufstrainer unserer Trainergruppe an und absolvieren eine Verkaufstrainerausbildung. Da wir erwarten, dass jeder dieser Verkaufstrainer weiterhin sehr viel Wert auf Praxis- und Umsetzungsorientierung legt, steht am Ende ihrer Ausbildung das Thema „Wie akquiriere ich einen Trainingsauftrag?". Nun ist es meine Aufgabe, mit den Verkaufstrainern die verschiedenen Wege, Techniken und Möglichkeiten zu erarbeiten, die zum Auftrag führen. Dabei stelle ich zu Beginn gerne die Frage, welches Umsatzziel sich die Teilnehmer für die nächsten zwölf Monate setzen. Interessant ist, dass die meisten schon ihre Umsatzziele klar definiert haben, ja selbst die Termine, wann und wo sie die Seminare durchführen wollen, haben manche schon fixiert. Doch wenn ich sie nach ihrer Strategie frage, die sie zu diesen Seminaraufträgen führen soll, dann höre ich oft nur unklare und grob skizzierte Aussagen wie zum Beispiel: „Ich werde jeden Tag telefonieren" oder „Ich besuche diese und jene Fachmesse". Auch eine beliebte Antwort ist: „Ich schicke ein großes Mailing heraus und telefoniere es dann nach." Oder: „Ich akquiriere jede Firma, die mir gefällt."

Doch wenn ich weiter hinterfrage, wie sie hierbei genau vorgehen wollen, sehe ich oft in nachdenkliche Gesichter. Der eine oder andere antwortet: „Das muss ich noch genau planen, oder ich erledige es einfach so nebenher." An dieser Stelle erinnere ich mich an folgenden einfachen Spruch: „Wie schnell ist nichts passiert!"

Je unklarer die Strategie, desto eher und mehr verzettelt man sich im Alltagstrott. Viele Ablenkungen sorgen dafür, dass die Zeit wie im Fluge vergeht und der Zeitpunkt, zu dem wir unser Ziel erreichen wollten, ja vielleicht auch mussten (weil sonst finanzielle Engpässe drohen), schon längst verstrichen ist.

Darum ist es wichtig, dass Sie einen konkreten Plan haben, der Ihnen die messbaren Aktivitäten bewusst macht. Denn ohne diese messbaren Aktivitäten ist es sehr schwer, den Kompass in den alltäglichen Herausforderungen auf „Erfolg" auszurichten.

Die neun Planungsstufen der erfolgreichen Akquisition

Lassen Sie uns an folgendem Beispiel eine strategische Akquisitionsplanung beschreiben: Angenommen, Ihr Umsatzziel für das nächste Jahr beträgt 100 000 Euro.

Nun ist es wichtig zu bestimmen, welche Akquiseaktivitäten von Ihnen angegangen werden müssen, damit das Erreichen dieses Ziels auch realistisch ist.

Die neun Planungsstufen der erfolgreichen Akquisition		
Beispielziel = € 100.000		
Stufe	Die einzelne Schritte zur Aktivitätenbestimmung	Beispiel

Stufe 1: Die Adressquelle

Die erste Frage, die sich stellt, lautet: „Woher generiere ich die 100 000 Euro? Über wie viele Bestandskunden verfüge ich und wie viele Neukunden brauche ich?"

Die neun Planungsstufen der erfolgreichen Akquisition		
Beispielziel = € 100.000		
Stufe	Die einzelne Schritte zur Aktivitätenbestimmung	Beispiel
1	Adressen (Quelle) aus Bestandskunden	10%
	Adressen (Quelle) aus Neukontakten	90%

Stufe 2: Die Terminressourcenplanung

Jetzt klären Sie, wie viele Akquisitionstermine Sie in der Woche durchführen können. Damit ermitteln Sie, wie viele zeitliche Ressourcen Ihnen zur Verfügung stehen.

Die neun Planungsstufen der erfolgreichen Akquisition		
Beispielziel = € 100.000		
Stufe	Die einzelne Schritte zur Aktivitätenbestimmung	Beispiel
1	Adressen (Quelle) aus Bestandskunden	10%
	Adressen (Quelle) aus Neukontakten	90%
2	**Wie viele Termine (TM) kann ich pro Woche durchführen (mein Zeitressourcenkonto)?**	**10 TM**

Stufe 3: Die persönliche Abschlussquote

Für eine Aktivitätenvorplanung in der Akquisition ist es wichtig, dass Sie sich Ihre persönliche Abschlussquote pro Termin bewusst machen. Ihr persönlicher oder branchenspezifischer Wert in der Vergangenheit ist hierbei maßgeblich. Sollten Sie noch keine Abschlussquote pro Termin berechnet haben, nehmen Sie bitte eine grobe Schätzung vor. Ich empfehle Ihnen, besser eine kritisch-realistische Schätzung vorzunehmen, als zu optimistisch zu sein. Je realistischer Ihre Quote ist, desto eher wird Ihre Strategie aufgehen.

Die neun Planungsstufen der erfolgreichen Akquisition		
Beispielziel = € 100.000		
Stufe	Die einzelne Schritte zur Aktivitätenbestimmung	Beispiel
1	Adressen (Quelle) aus Bestandskunden	10%
	Adressen (Quelle) aus Neukontakten	90%
2	Wie viele Termine (TM) kann ich pro Woche durchführen (mein Zeitressourcenkonto)?	10 TM
3	**Wie hoch ist meine (angenommene) Abschlussquote pro Termin (TM)?**	**5 TM 1 Auftrag**

Stufe 4: Der Auftragswert pro Abschluss

Ein weiterer wichtiger Punkt ist der angenommene Durchschnittsauftragswert pro Abschluss bzw. pro Zusage. Auch in dieser Stufe eignet sich Ihr persönlicher oder ein branchenspezifischer Vergangenheitswert.

Die neun Planungsstufen der erfolgreichen Akquisition		
Beispielziel = € 100.000		
Stufe	Die einzelne Schritte zur Aktivitätenbestimmung	Beispiel
1	Adressen (Quelle) aus Bestandskunden	10%
	Adressen (Quelle) aus Neukontakten	90%
2	Wie viele Termine (TM) kann ich pro Woche durchführen (mein Zeitressourcenkonto)?	10 TM
3	Wie hoch ist meine (angenommene) Abschlussquote pro Termin (TM)?	5 TM 1 Auftrag
4	**Wie hoch ist im Durchschnitt mein (angenommener) Auftragswert pro Auftrag/Abschluss?**	**10 000 Euro**

Stufe 5: Die Auftragsanzahl

Nun multiplizieren Sie Ihren persönlichen Durchschnittsauftragswert um den Faktor X (in unserem Beispiel mal 10), um zu erkennen, wie viele Aufträge Sie brauchen, um Ihr angestrebtes Umsatzziel von 100 000 Euro zu erreichen.

Die neun Planungsstufen der erfolgreichen Akquisition		
Beispielziel = € 100.000		
Stufe	Die einzelne Schritte zur Aktivitätenbestimmung	Beispiel
1	Adressen (Quelle) aus Bestandskunden	10%
	Adressen (Quelle) aus Neukontakten	90%
2	Wie viele Termine (TM) kann ich pro Woche durchführen (mein Zeitressourcenkonto)?	10 TM
3	Wie hoch ist meine (angenommene) Abschlussquote pro Termin (TM)?	5 TM 1 Auftrag
4	Wie hoch ist im Durchschnitt mein (angenommener) Auftragswert pro Auftrag/Abschluss?	10 000 Euro
5	**Wie viele Aufträge/Abschlüsse benötige ich zur Erreichung meines Umsatzziels?**	**10 Aufträge**

Stufe 6: Die Terminanzahl zur Zielerreichung

Wenn Ihre Abschlussquote bei fünf Terminen einen Auftrag bedeutet (wie unter Stufe 3 ermittelt), dann ist es jetzt interessant zu erfahren, wie viel Termine Sie insgesamt benötigen, um Ihr Umsatzziel für Sie planbar und realistisch darzustellen. Das bedeutet: Ein Auftrag bei fünf Terminen bringt im Durchschnitt 10 000 Euro. Um Ihr Umsatzziel von 100 000 Euro zu erreichen, brauchen Sie also 50 Termine.

Die neun Planungsstufen der erfolgreichen Akquisition		
Beispielziel = € 100.000		
Stufe	**Die einzelne Schritte zur Aktivitätenbestimmung**	**Beispiel**
1	Adressen (Quelle) aus Bestandskunden	10%
	Adressen (Quelle) aus Neukontakten	90%
2	Wie viele Termine (TM) kann ich pro Woche durchführen (mein Zeitressourcenkonto)?	10 TM
3	Wie hoch ist meine (angenommene) Abschlussquote pro Termin (TM)?	5 TM 1 Auftrag
4	Wie hoch ist im Durchschnitt mein (angenommener) Auftragswert pro Auftrag/Abschluss?	10 000,– Euro
5	Wie viele Aufträge/Abschlüsse benötige ich zur Erreichung meines o. g. Beispiel-Umsatzziels?	10 Aufträge
6	**Wie viele TM werden insgesamt benötigt?**	**50 TM**

Stufe 7: Die Ansprachequote pro Termin

In einem nächsten Schritt müssen Sie die Zahl Ihrer Ansprachen (telefonisch oder persönlich vor Ort) kennen lernen. Hierbei ermitteln Sie, wie viele Ansprachen Sie machen müssen, um einen Termin zu erhalten. In unserem Beispiel bedeutet das: Sechs Ansprachen werden benötigt, um einen Termin zu vereinbaren.

Die neun Planungsstufen der erfolgreichen Akquisition		
Beispielziel = € 100.000		
Stufe	**Die einzelne Schritte zur Aktivitätenbestimmung**	**Beispiel**
1	Adressen (Quelle) aus Bestandskunden	10%
	Adressen (Quelle) aus Neukontakten	90%
2	Wie viele Termine (TM) kann ich pro Woche durchführen (mein Zeitressourcenkonto)?	10 TM
3	Wie hoch ist meine (angenommene) Abschlussquote pro Termin (TM)?	5 TM 1 Auftrag
4	Wie hoch ist im Durchschnitt mein (angenommener) Auftragswert pro Auftrag/Abschluss?	10 000 Euro
5	Wie viele Aufträge/Abschlüsse benötige ich zur Erreichung meines o. g. Beispiel-Umsatzziels?	10 Aufträge
6	Wie viele TM werden insgesamt benötigt?	50 TM
7	**Wie viele Ansprachen (AP) sind im Durchschnitt nötig, um einen Termin zu vereinbaren (Terminquote)?**	**6 AP für 1 TM**

Stufe 8: Kontaktpool

Wenn Sie Ihren Durchschnittswert der Ansprachen errechnet haben, dann kennen Sie Ihre persönliche Terminquote. Nun multiplizieren Sie wiederum die Anzahl der Ansprachen mit der Anzahl der benötigten Termine, also: Sechs Ansprachen mal 50 Termine ergibt einen Ansprachen-Gesamtaufwand von 300 Ansprachen. Nun wissen Sie, mit wie vielen Kontakten Sie Ihren Kontaktpool auffüllen müssen, um genügend Ansprechpartner zu haben, sodass Sie Ihr Umsatzziel erreichen können.

Die neun Planungsstufen der erfolgreichen Akquisition		
Beispielziel = € 100.000		
Stufe	**Die einzelne Schritte zur Aktivitätenbestimmung**	**Beispiel**
1	Adressen (Quelle) aus Bestandskunden	10%
	Adressen (Quelle) aus Neukontakten	90%
2	Wie viele Termine (TM) kann ich pro Woche durchführen (mein Zeitressourcenkonto)?	10 TM
3	Wie hoch ist meine (angenommene) Abschlussquote pro Termin (TM)?	5 TM 1 Auftrag

4	Wie hoch ist im Durchschnitt mein (angenommener) Auftragswert pro Auftrag/Abschluss?	10 000 Euro
5	Wie viele Aufträge/Abschlüsse benötige ich zur Erreichung meines o. g. Beispiel-Umsatzziels?	10 Aufträge
6	Wie viele TM werden insgesamt benötigt?	50 TM
7	Wie viele Ansprachen (AP) sind im Durchschnitt nötig, um einen Termin zu vereinbaren (Terminquote)?	6 AP für 1 TM
8	**Wie viele Ansprachen (AP) werden insgesamt benötigt?** **6 ___ Ansprachen (s. Punkt 7) x 50 ___ TM (s. Punkt 6)**	**300 AP insgesamt**

Stufe 9: Akquisitionsplanung

Jetzt ist es für Ihre detaillierte Akquisitionsplanung von Bedeutung, feste Terminblöcke in Ihrem Terminkalender einzuplanen, damit Sie sehen, wann und wo Sie Ihre Ansprachen durchführen müssen.

Die neun Planungsstufen der erfolgreichen Akquisition		
Beispielziel = € 100.000		
Stufe	Die einzelne Schritte zur Aktivitätenbestimmung	Beispiel
1	Adressen (Quelle) aus Bestandskunden	10%
	Adressen (Quelle) aus Neukontakten	90%
2	Wie viele Termine (TM) kann ich pro Woche durchführen (mein Zeitressourcenkonto)?	10 TM
3	Wie hoch ist meine (angenommene) Abschlussquote pro Termin (TM)?	5 TM 1 Auftrag
4	Wie hoch ist im Durchschnitt mein (angenommener) Auftragswert pro Auftrag/Abschluss?	10 000 Euro
5	Wie viele Aufträge/Abschlüsse benötige ich zur Erreichung meines o. g. Beispiel-Umsatzziels?	10 Aufträge
6	Wie viele TM werden insgesamt benötigt?	50 TM
7	Wie viele Ansprachen (AP) sind im Durchschnitt nötig, um einen Termin zu vereinbaren (Terminquote)?	6 AP für 1 TM
8	Wie viele Ansprachen (AP) werden insgesamt benötigt? 6 ___ Ansprachen (s. Punkt 7) x 50 ___ TM (s. Punkt 6)	300 AP insgesamt
9	**Zeiten im Terminplan und -kalender reservieren** **(z. B. 2 Std. für Telefonate blocken)**	**Mo – Do von 8:00 – 10:00 Uhr**

Erst wenn Sie die neunte Stufe durchgeführt haben und die Zeit für die Akquisition in Ihren Terminkalender eingetragen haben, steht

Ihre Akquisitionsstrategie auf einem festen Fundament. Ohne die neun Stufen ist das ganze Vorhaben nur ein Traumziel. Dieser Traum kann zum Jahresende leicht zum Albtraum geraten: Denn die Uhr ist abgelaufen, Hektik und Aktionismus entstehen – und das kann nur noch Stress für alle Beteiligten bedeuten.

Damit Ihnen dies nicht passiert, gebe ich Ihnen den Tipp, sich *jetzt* einen Termin für Ihre persönliche Strategie einzuplanen. Passen Sie „Die neun strategischen Akquisitionsstufen" auf Ihre individuellen Bedürfnisse an – das folgende Formular hilft Ihnen dabei. Überprüfen Sie Ihren Plan in regelmäßigen Abständen, um gegebenenfalls Korrekturen vornehmen zu können. Zudem möchte ich Ihnen empfehlen, bei Punkt 3, also bei der Festlegung der persönlichen Abschlussquote, mehrere Szenarien zu entwerfen, also zum Beispiel eine eher pessimistische und eine eher optimistische Variante. So erweitern Sie Ihren Planungs- und Handlungsspielraum.

Die neun Planungsstufen der erfolgreichen Akquisition			
Beispielziel = € 100.000		Ihr Umsatzziel = €	
Stufe	Die einzelne Schritte zur Aktivitätenbestimmung	Beispiel	Anzahl
1	Adressen (Quelle) aus Bestandskunden	10%	
	Adressen (Quelle) aus Neukontakten	90%	
2	Wie viele Termine (TM) kann ich pro Woche durchführen (mein Zeitressourcenkonto)?	10 TM	
3	Wie hoch ist meine (angenommene) Abschlussquote pro Termin (TM)?	5 TM 1 Auftrag	
4	Wie hoch ist im Durchschnitt mein (angenommener) Auftragswert pro Auftrag/Abschluss?	10 000 Euro	
5	Wie viele Aufträge/Abschlüsse benötige ich zur Erreichung meines o. g. Beispiel-Umsatzziels?	10 Aufträge	
6	Wie viele TM werden insgesamt benötigt?	50 TM	
7	Wie viele Ansprachen (AP) sind im Durchschnitt nötig, um einen Termin zu vereinbaren (Terminquote)?	6 AP für 1 TM	
8	Wie viele Ansprachen (AP) werden insgesamt benötigt? 6 ___ Ansprachen (s. Punkt 7) x 50 ___ TM (s. Punkt 6)	300 AP insgesamt	
9	Zeiten im Terminplan und -kalender reservieren (z. B. 2 Std. für Telefonate blocken)	Mo – Do von 8:00 – 10:00 Uhr	

Fazit und: Was Sie jetzt sofort tun sollten

- Die strategische Akquisitionsplanung umfasst neun Schritte und orientiert sich an Ihrem Umsatzziel.
- Wichtig ist, bei der Planung von realistischen Zahlen auszugehen, die Sie aus Ihren vergangenen Akquiseaktivitäten ableiten können.
- Erstellen Sie *jetzt* Ihren eigenen und individuellen Fahrplan zur kontinuierlichen Akquisitions-Power.

Der Plan steht, die Zahlen sind realistisch. Dann kann doch eigentlich gar nichts mehr schief gehen! Dürfen Sie sich jetzt zurücklehnen? Aber nein – die Umsetzung mit all ihren Stolperfallen steht doch noch an! Und der erste Umsetzungsschritt besteht darin, sich selbst dazu zu verpflichten, mit allen Konsequenzen an der Verwirklichung des Plans zu arbeiten. Wenn da nur nicht der innere Schweinehund wäre, der oft genug die schönsten Vorsätze zunichte macht ... Aber lesen Sie weiter!

4. Verpflichten Sie sich zum Erfolg und zur Zielerreichung

Ein kleines Ungeheuer gibt es auf dem Weg zum Ziel noch zu bezwingen – gemeint ist der innere Schweinehund, der als „innere Stimme" immer wieder fiese Sabotageakte auf unsere Pläne, Vorsätze und Handlungsschritte verübt, sich Veränderungen vehement widersetzt und Gründe vorträgt, warum wir unsere Akquisitionsziele einfach nicht erreichen können: „Versuch' gar nicht erst, deinen Plan umzusetzen", ruft er uns entgegen. Wer seinen inneren Schweinehund identifiziert und kennt, hält mit den fünf Siegeln der Selbstverpflichtung eine gute Waffe in der Hand, ihn in Schach zu halten.

Nutzen Sie die fünf Siegel der Selbstverpflichtung

Einen Grund für meine Auftragserfolge in der Akquisition sehe ich darin, dass ich meinen Gesprächspartnern klar vermittle, dass meine Dienstleistung und unsere Produkte ihnen immer mehr bringen müssen, als es sie wirklich kostet. Der Ertrag für den Kunden **muss** immer größer sein als der investierte Einsatz. Daher sorgen wir dafür, dass viele unserer Coaching- und Trainingserfolge messbar sind – und damit nachprüfbar. Das gesamte INtem-Team hat sich diesem Ziel verpflichtet, und jede unserer Aktivitäten muss sich an dieser Verpflichtung messen lassen.

Bei vielen meiner Kunden ist mir aufgefallen, dass es ihnen an einer Verpflichtung mangelt. Wir vereinbaren konkrete Ziele und Umsetzungsmaßnahmen, stellen erreichte Ist-Werte fest, legen gewünschte Soll-Werte fest, und müssen feststellen, dass sie nicht erreicht werden. Nun, das kann passieren – aber woran liegt das? Ein Hauptgrund ist, dass die Zielerreichung und Planungsdaten nicht mit der notwendigen Konsequenz verfolgt werden. Bei vielen Verkäufern scheint sich die negative innere Stimme zu Wort zu melden, mit der sie sich mit immer denselben Argumenten einreden, sie könnten ihre Akquisitionsziele nicht erreichen: „Ich kann das sowieso nicht", „Allein schaffe ich es nicht" oder „Ich bin ein schlechter Verkäufer". Das Fatale ist, dass der innere Schweinehund in der

„Ich-Form" argumentiert, und sich der Verkäufer auf diese Art und Weise selbst herunterzieht, sich selbst schlechter macht, als er ist. Leider kommt er oft auch mit recht einsichtigen Gründen daher, wenn er etwa sagt: „Heute ist kein guter Tag, ich fühle mich nicht so gut, am besten, ich rufe meine zehn Kaltkunden erst morgen an. Dann geht es mir besser."

Der innere Schweinehund will also immer über Ihre Grenzen sprechen, über das, was Sie nicht schaffen können. Darum sollten Sie Ihren inneren Schweinehund aufspüren und identifizieren – damit ist bereits einiges gewonnen. Noch wichtiger aber ist, ihm mit einer Vielzahl von kräftigen Verpflichtungen zu begegnen und schließlich zu bezwingen. Im letzten Kapitel haben Sie einen Akquisitionsplan erstellt, nun müssen Sie sich ernsthaft verpflichten, ihn zu verfolgen und umzusetzen – auch und gerade gegen den Widerstand des inneren Schweinehundes!

Eine starke Waffe gegen die inneren Widerstände liegt in den fünf Siegeln der Selbstverpflichtung:

Die 5 Siegel der Selbstverpflichtung

Siegel 1 – Konkrete Entscheidung

Siegel 2 – Schriftlichkeit verpflichtet

Siegel 3 – Konsequenzen bestimmen

Siegel 4 – Aktivitätenkontrolle

Siegel 5 – Öffentlichkeit verpflichtet

Siegel 1 – Konkrete Entscheidung

Nachdem Ihre Ziele klar feststehen und Sie Ihre strategischen Planungsschritte detailliert ausgeführt haben, wissen Sie jetzt, wie viel Ansprachen Sie insgesamt machen müssen, um das gewünschte Ziel zu erreichen. Treffen Sie jetzt eine konkrete Entscheidung. Dabei müssen Sie einen „Entscheidungssatz" formulieren, der eindeutig und nicht interpretierbar ist – nur dann bietet er dem inneren Schweinehund keine Angriffsfläche.

Ein Beispiel: „Ich werde bis zum 31.07. diesen Jahres 300 erreichte Erstkontakte per Telefon durchführen, das bedeutet pro Tag sechs Telefongespräche mit meinen Ansprechpartnern!"

Siegel 2 – Schriftlichkeit verpflichtet

Nutzen Sie hierzu eine Verpflichtungsmatrix – dazu später noch Genaueres –, um sich die Meilensteine bewusst zu machen: Planen Sie fixe Termine ein. Bis wann möchten Sie wie viele Telefonate durchgeführt haben? Das Wichtigste bei der Erstellung der Matrix ist aber, dass Sie flexibel bleiben. Wenn Sie zum Beispiel nicht jeden Tag zum Telefonieren kommen oder in einer Woche Ihr Aktivitätenziel nicht erreichen, muss es Ausweichmöglichkeiten und Pufferzeiten geben. So ist sichergestellt, dass Sie nicht gleich demotiviert sind und die Zielerreichung nicht gleich in Frage gestellt werden muss. Aber Achtung: Gerade hier setzt der innere Schweinehund mit seinen pessimistischen Vorurteilen gerne an. Umso wichtiger ist es, die Siegel der Selbstverpflichtung stark aufzutragen und so haltbar zu machen. Und dazu gehört eben auch, dass Sie Ihre Ziele, Planungsschritte und Umsetzungsmaßnahmen schriftlich fixieren.

Siegel 3 – Konsequenzen bestimmen

Das hört sich schlimmer an, als es ist. Damit ist nicht anderes gemeint, als dass Sie darüber nachdenken müssen, was die Konsequenz ist, wenn Sie Ihre guten Vorsätze einmal versäumen. Was tun Sie stattdessen? Welche konkreten Konsequenzen ziehen Sie daraus? Denn wie heißt es so schön: „Aufgeschoben ist nicht gleich aufgehoben!"

Es ist immer wieder verblüffend zu beobachten, wie viele Gedanken sich Verkäufer und Führungskräfte im Vertrieb darüber machen, was sie alles noch tun könnten, um ihre gesteckten Ziele zu erreichen. Doch nicht weniger wichtig ist es, sich auch einmal Gedanken darüber zu machen, was es uns kostet, wenn wir den mit uns selbst vereinbarten Aktivitäten nicht nachkommen.

Der Begriff „Konsequenz" hat aber noch eine zweite Bedeutung: Machen Sie sich die Folgen klar, die es hat, was es für Sie und andere Menschen bedeutet, wenn die Ziele nicht erreicht werden:

- Welche Folgen wird Ihre Zielverfehlung nach sich ziehen?
- Was bedeutet es für Ihr Einkommen und die laufenden Kosten?
- Wie wird es sich auf Ihr Selbstvertrauen auswirken?
- Welche Auswirkung hat dies in Bezug auf Ihren Arbeitplatz?
- Welche Perspektive sehen Sie für die Zukunft?

Das sind nur ein paar Fragen von vielen – entscheiden Sie selbst, welche Folgen die Zielverfehlung für Sie hat. Ziehen Sie dazu auch Ihre Lebensvision und vor allem die im zweiten Kapitel formulierten Ziele in Betracht. Und dann überlegen Sie, welche Schlüsse Sie daraus ziehen. Was bedeutet dies für die Zukunft? Was müssen Sie ändern?

Siegel 4 – Aktivitätenkontrolle

Die Selbstkontrolle ist das wichtigste Steuerrad, um Ihr Akquisitionsschiff immer wieder auf den Kurs der Selbstverpflichtung zu lenken. Sollten Sie einmal nicht in der geplanten Zeit Ihre Ansprachen erreicht haben, sollten Sie die Zeiten sowie die Gesprächsanzahl entsprechend anpassen. Das ist mit relativ geringem Aufwand Tag für Tag, Woche für Woche und Monat für Monat möglich. Die Ansprachen sind am besten in einer Kontaktdatenbank zu erfassen. Sollten Sie noch keine bei sich eingerichtet haben, empfehle ich Ihnen dies wärmstens, allein schon wegen der wichtigen Kundeninformationen, die sich in einer solchen Datenbank hinterlegen lassen. Zu Anfang aber genügt es, die Gesprächsanzahl durch einen Vermerk in Ihrem Terminplaner zu protokollieren.

Siegel 5 – Öffentlichkeit verpflichtet

Hier schließt sich der Kreis. Teilen Sie die Aktivitäten, die Sie sich vorgenommen haben, einer oder mehreren Personen Ihres Vertrauens mit. Dabei ist es gleichgültig, ob es sich um Ihren Kollegen, Ihren Vorgesetzten oder Ihren Lebenspartner handelt. Hauptsache, jemand weiß von Ihren Plänen. Wichtig ist hier nur, dass es sich um eine Person handelt, zu der Sie Vertrauen haben. Diese Person sollte keine Hemmungen haben, Sie beizeiten an Ihre Verpflichtung zu erinnern und so einen Gegenpol zum inneren Schweinehund bilden. Diese Person ermahnt Sie also weniger, als dass Sie sie zusätzlich motiviert und unterstützt.

In der Vertriebspraxis habe ich damit sehr gute Erfahrungen gemacht. Dafür haben wir einen so genannten Paten in unserem Vertriebsteam geschaffen. Die Patenschaft funktioniert am besten, wenn Zweier-Teams gebildet werden, in denen ein „alter Hase" und ein „Jungspund" zusammenarbeiten. Während der eine noch am Anfang seiner Akquisitionserfahrung steht, hat sein Pate bereits so manche harte Schlacht in der Akquisition er- und durchlebt. Dieses gegensätzliche Duo führt häufig dazu, dass Ihr Vertrieb eine neue Dynamik erlebt, denn viele neue Ideen können dieser Zusammenarbeit entspringen. Von einer solchen Patenschaft profitieren beide: Während der Jungspund nicht jeden Fehler selbst machen muss, kann der Pate, der alte Hase, selbst immer wieder seine Akquisitionsstrategie überdenken und verfeinern.

Erstellen Sie Ihre Verpflichtungsmatrix

Wie sieht die erwähnte Verpflichtungsmatrix aus? Ich möchte Ihnen ein Beispiel geben:

Die Verpflichtungsmatrix

Mein konkreter Entscheidungssatz: _____

Zeiten	Verpflichtungs-matrix	Datum	Ansprache Ziel	Kontrolle
6 Monate		01.02. – 31.07.	300 Gespräche	Am 01.Aug.!
1 Monat		Jeden Monat	50 Gespräche	Am 15. Mai!
1 Woche		Montag – Freitag	12,5 Gespräche	Jeden Freitag!
1 Tag		Heute	2,5 Gespräche	Jeden Abend!

Hiermit verpflichte ich mich, die oben genannten Termine und Aktivitäten sowie die von mir gesetzten Kontrolltermine einzuhalten. Sollte ich dieser Verpflichtung einmal nicht nachkommen, habe ich mir hierfür folgende Konsequenzen vorgenommen:

Pos.	Konsequenz:

Ort und Datum	Name und Unterschrift

Der Grund, weshalb die meisten Menschen im Leben ihre gesteckten Ziele nicht erreichen, ist die Unfähigkeit, ihren emotionalen Zustand erfolgsfördernd zu steuern. Das bedeutet, bei schwierigen Situationen wie etwa Zurückweisungen oder Frustration werden viele Verkäufer schwach und klagen über ihre Unfähigkeiten, Entscheidungen zu treffen – der innere Schweinehund meldet sich vehement zu Wort. Unser Leben verändert sich in dem Augenblick, in dem wir bewusst konkrete Entscheidungen treffen und uns absolut dazu verpflichten, das Notwendige zu tun, um erfolgreich zu sein. Und dann werden wir unsere Ziele auch erreichen!

Fazit und: Was Sie jetzt sofort tun sollten

- Formulieren Sie Ihren Entscheidungssatz, legen Sie die daraus resultierenden Aktivitäten fest und sorgen Sie dafür, dass die Aktivitäten messbar sind.
- Erstellen Sie Ihre persönliche Verpflichtungsmatrix.
- Überlegen Sie sich die Konsequenzen, die entstehen, wenn Sie nicht alles tun, um Ihre Ziele zu erreichen.
- Suchen Sie sich einen Paten, der Sie unterstützt und motiviert und Ihnen wichtige Tipps geben kann.
- Planen Sie Termine zur Kontrolle und Aktivitätensteuerung ein.

Wegen des Widerstandes, den der innere Schweinehund leistet, ist es gerade die Selbstverpflichtung, die Sie sehr viel Kraft kosten wird. Und aus eigener Erfahrung werden Sie wissen, dass ein guter Verkäufer im täglichen Umgang mit den Kunden jede verfügbare Energiequelle benötigt, um Erfolg zu haben. Wer seine volle Akquisitions-Power entfalten und nutzen möchte, muss seinen persönlichen Akku jeden Tag aufladen. Welche Energiequellen stehen Ihnen zur Verfügung? Darum geht es im nächsten Kapitel.

5. Zapfen Sie Ihre Energiequellen an

Das Jahr 2005 war das „Einsteinjahr", das Jahr des großen Wissenschaftlergenies Albert Einstein, das darauf hingewiesen hat, welche ungeheure Energie in allem verborgen ist. Ein einziges Kilogramm Masse – gleich, ob Wasser, Sand oder Stein – würde, vollkommen in Energie umgewandelt, einen Ozeandampfer wie die „Titanic" 75 Jahre lang mit voller Kraft fahren lassen, und zwar ohne Unterbrechung. Und diese ungeheure Energie – sie steckt auch in Ihnen. Sie müssen sie „nur" aktualisieren und wissen, welche Energiequellen Ihnen dafür zur Verfügung stehen.

Der Kraftstoff Ihres Erfolgs: Ihr emotionaler Zustand

Es gibt Tage, an denen klappt alles, und es gibt Tage, an denen klappt nichts. Warum ist das so, wir sind doch ein und dieselbe Person? Wo liegt der entscheidende Unterschied? Wie kann ich dies bewusst ändern, auch wenn es mal nicht gut läuft? Die hauptsächliche Schwierigkeit besteht darin, diesen emotionalen Zustand zu managen, und zwar bewusst, nicht nur unbewusst. Wenn es darauf ankommt und für uns wichtig wird, in Spitzenverfassung zu sein, ist es notwendig, diesen Top-Zustand in Sekunden zu erzeugen, sodass alle Ressourcen zur Verfügung stehen, wenn es wirklich wichtig ist.

Kennen Sie auch das Gefühl, auf einer Erfolgswelle zu schwimmen, das Gefühl, dass Sie nichts so leicht aus der Bahn wirft? Egal, was Sie machen – es klappt? Erinnern Sie sich an eine solche Zeit? Alles ist gut gelaufen, Sie waren einfach top! Vielleicht bei einem Verhandlungsgespräch, als Sie jedes Argument, das gegen Ihren Vorschlag vorgebracht wurde, mit hoher Schlagfertigkeit souverän gekontert haben und Ihren Gesprächspartner so auch überzeugen konnten? Ihre gewünschten Ergebnisse erreichten Sie in noch kürzerer Zeit, als alle für möglich hielten. Wahrscheinlich erlebten Sie dann auch mal einen Tag, an dem nichts klappte, alles, was nur schief gehen konnte, ging schief. Kein Handgriff saß, jeder Schritt war Ihnen zu viel, und egal, wen Sie auch angesprochen haben, Sie bekamen keinen Termin!

Der feine Unterschied

Wo liegt der entscheidende Unterschied? Sie sind doch ein und derselbe Mensch. Sie haben die gleichen Fähigkeiten und dieselben Prinzipien, wie an allen anderen Tagen auch. Doch warum liegen die Ergebnisse, die wir an den verschiedenen Tagen erreichen, manchmal so weit auseinander? Auch bei den besten Sportlern tritt dieses Phänomen immer wieder auf. Erinnern Sie sich, damals, als Boris Becker 1985 das bedeutendste Tennisturnier der Welt gewonnen hatte: *„Wimbledon, 7. Juli 1985, 17.26 Uhr. Boris Becker peitscht seinen Aufschlag übers Netz. Der Südafrikaner Kevin Curren verschlägt ins Publikum. Becker reißt die Arme hoch, wirft den Kopf zurück und stößt einen Schrei aus. Ein 17-Jähriger hat soeben das bedeutendste Tennisturnier der Welt gewonnen."* – So damals die Medien. Wir sahen Boris Becker spielen, alles klappte und ging wie von selbst, jeder Schlag, jeder Ball hat gesessen, wahrlich eine Meisterleistung. Doch was ist das? Kurze Zeit später sahen wir ihn wieder spielen, und derselbe Mensch schien nun wie ausgewechselt. Kein Schlag saß mehr wirklich, alles, was nur schief gehen konnte, ging schief. Was ist passiert, wie kommt das? Natürlich wusste der Spieler nach wie vor, wie man Tennis spielt. Er hatte auch das Können nicht eingebüßt, denn er trainierte weiterhin hart, Tag für Tag. Seine Einstellung hatte sich auch nicht geändert, denn er wollte seine Profi-Sport-Karriere weiterhin ganz oben verbringen, an der Spitze. Und dafür tat Boris Becker alles.

Woran also lag es? Worin unterschieden sich jene zwei Boris Becker? Nun, ich bin sicher: Es war der emotionale Zustand, in dem er sich jeweils befand.

Energieschub durch positive Emotionen

Der eigentliche und so wichtige Unterschied, der über Ihren Erfolg entscheidet, ist Ihr momentaner emotionaler Zustand, in dem Sie sich befinden. Hier unterscheiden wir zwei Arten von Zuständen:

1. den förderlichen Zustand und
2. den hemmenden Zustand.

Im förderlichen Zustand leben wir Gefühle aus wie Freude, Liebe, innere Sicherheit, innere Stärke, Begeisterung. Dabei stehen uns unsere gesamten Ressourcen zur Verfügung, und unsere persönlichen Möglichkeiten sind unerschöpflich, denn der Zustand, in dem wir uns gerade befinden, ist ressourcenvoll.

Im hemmenden Zustand hingegen haben wir Gefühle, die uns eher hemmen und lähmen, etwas zu tun – zum Beispiel Trauer, Furcht, Schwäche, Angst, Verwirrung und Frustration. Die Möglichkeiten, die wir uns selbst geben, sind in diesem ressourcenarmen Zustand auf ein Minimum beschränkt. „Ein hoffnungsloser Fall", würde so mancher sagen, wenn er uns in diesem Zustand erwischt. Ob Misserfolg oder Erfolg, ob Versagen oder Gewinnen, ob Ungeduld oder Beharrlichkeit, ob Fliegen oder Fallen – stets ist es der emotionale Zustand, der darüber entscheidet, ob sich die Ressourcen-Waage in die eine Richtung neigt oder in die andere.

Stellen Sie sich die unterschiedlichen Ergebnisse nur vor, die wir erzielen, wenn wir eine Aufgabe oder ein Gespräch mit einem Kollegen, Mitarbeiter oder Kunden in einem hemmenden Zustand oder im förderlichen Zustand angehen. Im ressourcenvollen Zustand wird uns vieles gelingen, was im ressourcenarmen Zustand einfach nicht klappen will.

Was aber können Sie tun, wenn Sie sich in einem „Flopp"-Zustand befinden? Sie sollten sich dann an Situationen erinnern und sie vor Ihr geistiges Auge rufen, in denen Ihnen etwas gelungen ist, in denen Sie eine Herausforderung oder schwierige Aufgabe gelöst haben, in denen Sie beispielsweise einen Problemkunden trotz seiner vielen Einwände überzeugen und für Ihre Produkte oder Dienstleistungen begeistern konnten.

Erinnern Sie sich an solche Situationen – die übrigens nicht immer aus dem beruflichen Umfeld, sondern ebenso aus dem privat-persönlichen Bereich hergeleitet werden können? Dann bitte ich Sie, sie hier zu notieren.

Meine Situationen mit förderlichem Zustand und positiven Emotionen

Am besten notieren Sie sich diese Situationen auf einem Zettel, den Sie immer bei sich tragen. Sollte in einem Moment der hemmende Zustand drohen, haben Sie ihn zur Hand und können ihn nutzen, um sich durch die Erinnerung an Top-Zustände in einen ressourcenvollen Zustand zu versetzen.

Bringen Sie sich in einen Top-Zustand

Um Spitzenleistung zu erbringen, brauchen wir also einen ressourcenvollen Zustand, den Top-Zustand, der mit positiven Gefühlen aufgefüllt ist. Wenn wir diesen bewusst einsetzen, dann steht uns alles zur Verfügung, was wir können, und wir wachsen über uns selbst hinaus. Wenn Sie Ihren Zustand bewusst ändern, dann können Sie Ihr Verhalten ändern und bleiben auch in kritischen Situationen Herr der Lage. Das bedeutet, Sie haben ein sicheres Auftreten, sind schlagfertig und souverän in den unterschiedlichen Gesprächssituationen. Kein Mensch kann Sie erschüttern, denn Sie spüren in sich eine innere Sicherheit, die Sie über alle Fährnisse hinwegträgt. Ihre Arbeit geht Ihnen leichter von der Hand, und Sie brauchen nur halb so viel Zeit wie an so manch anderem Tag, an dem Sie sich in einem ressourcenarmen Zustand befinden. Der Schlüssel zum Erfolg sind also Ihre Zustände. Welche Möglichkeiten gibt es, sich in diesen Zustand zu bringen, welche Energiequellen stehen Ihnen zur Verfügung? Hier eine Auswahl:

➤ Energieschub durch die richtige Körperhaltung
➤ Energieschub durch richtige Bewegung
➤ Energieschub durch ressourcenvolle Fragen
➤ Energieschub durch richtige Ernährung
➤ Energieschub durch die richtigen Drinks und
➤ Energieschub durch das Akquisitions-Power-Ritual

Trainieren Sie Ihre Körperhaltung

Ich beginne mit der Körperhaltung. Ich möchte mit Ihnen ein Experiment durchführen, um Ihnen zu zeigen, wie wichtig ein gutes Körpergefühl für Ihre Leistungsfähigkeit und Ihre innere Einstellung bei der Akquisition ist.

Stellen Sie sich vor einem Spiegel ganz aufrecht hin, Blick nach oben, Kopf gerade, beide Beine stehen fest auf dem Boden, Ihr Rücken ist so fest, dass Sie nichts und niemand aus der Bahn werfen kann. Denken Sie an etwas Tolles, bis Sie fast zufrieden lächeln, und nun sagen Sie mit einer fröhlichen Stimme: „Mir geht es ja sooo schlecht!". Versuchen Sie sich selbst einzureden, wie schlecht es Ihnen geht – ohne die Haltung zu verändern! Nicht mal ein Blinder glaubt Ihnen das jetzt, denn Ihre Stimme klingt einfach nicht negativ genug!

Nun machen wir die Gegenprobe: Stellen Sie sich mit gebeugtem Rücken vor den Spiegel, schauen Sie nach unten, die Beine tragen Sie gerade so, dass Sie nicht umfallen. Denken Sie an ein schlimmes Erlebnis, das Sie verbittert oder traurig macht. Und nun rufen Sie – ohne die Haltung zu ändern. „Mir geht es super! Ich kann Berge versetzen!". Und, hat es geklappt? Wohl kaum! Wer kann schon in dieser Haltung begeistert klingen!?

Auch dieses Experiment zeigt: Der Königsweg besteht darin, sich selbst dazu zu bringen, den eigenen Zustand bewusst zu ändern, um die gewünschten Ergebnisse zu erzielen. Die Art, wie wir uns bewegen, welche Körperhaltung wir einnehmen, bestimmt unseren momentanen Zustand. Welche Körperhaltung nimmt ein Mensch ein, wenn er deprimiert und hoffnungslos in Gedanken vertieft ist? Vielleicht hängt der Kopf nach unten und die Schultern sind nach vorne gebeugt. Was ist mit den Augen? Starren sie vielleicht ins Leere? Die ganze Mimik, Gestik und Körperhaltung ist nach unten gerichtet. Man könnte glauben, die Erdanziehungskraft hat gesiegt und die Stimmung ist im Keller; das bedeutet letztendlich – wir sind im hemmenden Zustand und haben keine Ressourcen zur Verfügung.

Doch was würde mit unserem Zustand passieren, wenn wir nur einmal unsere Körperhaltung verändern würden, das heißt, wenn wir unseren Kopf in die Höhe strecken und die Schultern nach hinten und dabei die Brust heraus strecken? Wir sollten aufstehen und unseren Körper in Schwung bringen, indem wir mit erhobenem Haupt von einem Ort zum anderem laufen. Können Sie sich vorstellen, dass eine Änderung in Ihrer Körperhaltung auch Ihre Gefühle und somit Ihren momentanen Zustand ändert? Haben Sie schon einmal einen Mensch sagen hören: „Mir geht es gut!", während er mit hängenden Schultern und heruntergezogenen Gesichtsmuskeln vor

Ihnen steht? Oder „Mir geht es so schlecht!", während er Sie freudestrahlend ansieht, den Kopf hoch erhoben und die Schultern zurückgezogen? Beides dürfte nicht gerade überzeugend auf Sie wirken.

Und nun stellen Sie sich vor, was Ihr Kunde denken wird, wenn Sie ihm

➤ im förderlichen Zustand oder
➤ im hemmenden Zustand

begegnen. *Es ist sehr wichtig bei der Akquisition, dass wir unseren Körperzustand bewusst kontrollieren und ändern, wenn es darauf ankommt.*

Es klingt einfach, und das ist es auch. Ändern Sie nur einmal die Art und Weise, sich zu bewegen – und Sie ändern Ihre Lebensqualität. Je stärker Sie Ihr körperliches Verhalten ändern, umso stärker ändern Sie auch Ihre momentanen Gefühle und Handlungen. Ihre geistige Verfassung wird sofort verbessert, und Sie schaffen die Grundlage dafür, Ihre gewünschten Ergebnisse zu erreichen.

Notieren Sie bitte, ob und was Sie an Ihrer Körperhaltung ändern müssen oder können, um den ressourcenvollen Zustand möglichst schnell zu erreichen – etwa im wichtigen Akquisitionsgespräch:

| |
| |
| |
| |
| |

Halten Sie sich in Bewegung

Vielleicht kostet Sie Bewegung anfangs Energie, aber mit ein bisschen Gewohnheit führt sie zu einem Energieschub. Der Mensch ist kein „Faultier", sein Körper ist gemacht, um sich zu bewegen. Jäger, Sammler, Handwerker – das waren zunächst die Berufe des Menschen, und nicht Manager oder Sekretärin. Achten Sie trotz aller beruflichen Situationen darauf, sich Bewegung zu gönnen. Telefonieren Sie im Stehen, gehen Sie während Ihrer kreativen „Nachdenkphasen" im Zimmer auf und ab, und benutzen Sie prinzipiell die Treppe – nicht den Lift. Parken Sie Ihr Auto nicht direkt vor der Tür des Kunden, wenn sie nicht gerade schwer zu schleppen haben. Es gibt viele Möglichkeiten, seinen Körper in den unterschiedlichen Akquisitionsphasen in Schwung zu halten. Überlegen Sie sich, welche Möglichkeiten Ihnen offenstehen – und notieren Sie sie hier:

| |
| |
| |
| |

Stellen Sie die richtigen Fragen

Stellen Sie sich bei jeder Gelegenheit bewusst Fragen, die Sie animieren, sich an positive Situationen zu erinnern, in denen Sie sich im Top-Zustand befanden. Folgende Fragen können Sie sich künftig für ein bewusstes Zustandsmanagement morgens oder abends stellen:

Ressourcenvolle Fragen für den Morgen:

1. *Worüber bin ich jetzt in meinem Leben am glücklichsten?*

2. *Was begeistert mich zurzeit in meinem Leben am meisten?*

3. *Worauf bin ich in meinem Leben zurzeit am meisten stolz?*

4. *Wofür bin ich in meinem Leben jetzt am meisten dankbar?*

5. *Was genieße ich in meinen Leben zurzeit am meisten?*

6. *Wozu habe ich mich in meinem Leben verpflichtet?*

7. *Wen liebe ich, wer liebt mich?*

8. *Inwieweit ist der heutige Tag für mich eine Chance?*

Notieren Sie nun „Ihre" wichtigsten ressourcenvollen Fragen:

Achten Sie auf Ihre Ernährung

Wenn Sie sich ein seltenes, exotisches Haustier zulegen: Was tun Sie zuvor? Sie lesen ein Buch über seine Grundbedürfnisse, seinen natürlichen Lebensraum, seine Geschichte. Haben Sie schon einmal ein Buch über die Grundbedürfnisse des Menschen gelesen? Wissen Sie Bescheid, was die natürliche Ernährungsweise des Menschen ausmacht? Wie viel „Auslauf" er braucht und wie viele Pausen er an einem anstrengenden Arbeitstag benötigt? Die Antwort lautet bei den meisten Menschen „NEIN!"

„Sage mir, was du isst, und ich sage dir, was du bist!" Würde dieses alte Sprichwort stimmen, wäre alles in Ordnung. Würde mir ein Maurer, der einen Zwölf-Stunden-Arbeitstag hinter sich hat, erzählen, dass er soeben drei saftige Steaks und eine riesige Portion Pommes gegessen hat, würde ich sagen, das ist gerechtfertigt. Würde mir ein Manager erzählen, er habe nach seinem Meeting-Marathon heute eine große Portion Salat mit einem leichten Dressing gegessen, dazu kohlensäurearmes Mineralwasser getrunken, weiß ich, dass er auch die nächsten drei Meetings voller Energie bestreiten wird. Wenn mir eine junge Mutter erzählt, dass Sie in der Woche zwei Wagenladungen Milchprodukte für sich und ihre Familie kauft, weiß ich: Hier werden gesunde Kinder großgezogen.

Verstehen Sie mich bitte nicht falsch. Es geht nicht darum, Ihnen jetzt die Freude am Essen zu verderben. Machen Sie sich einfach, ehe Sie sich den Bauch vollschlagen, bewusst, was Sie Ihrem Körper zumuten. Oder besser, fragen Sie sich: Was braucht er jetzt und was würde jetzt zuviel Energie kosten? Wenn Ihnen irgendwann einmal trotzdem nach etwas ist, das nicht wirklich nahrhaft ist, gönnen Sie es sich dennoch. Es kommt nur darauf an, wie Ihr regelmäßiges Essverhalten aussieht.

Überlegen Sie bitte, welche Ernährungsgewohnheiten Sie haben. Welche dienen dazu, einen ressourcenvollen Zustand herbeizuführen, welche ziehen einen ressourcenarmen Zustand nach sich? Notieren Sie, was Sie an Ihren Ernährungsgewohnheiten ändern wollen:

| |
| |
| |
| |

Achten Sie auf Ihre Trinkgewohnheiten

Für die Power zwischendurch ist nicht nur entscheidend, was Sie essen, sondern auch, was Sie trinken. Kaffee kann auf Touren bringen – aber nur kurzfristig. Der geeignetere Wachmacher ist ein Glas Wasser! Wenn Sie merken, dass Sie müde werden, vielleicht wäh-

rend einer Besprechung oder am Ende eines langen Akquisitionsgesprächs, trinken Sie ein Glas Wasser. Dies ermöglicht einen
schnellen Sauerstofftransport zum Gehirn. Einfach, aber effektiv!
Kohlensäure belastet unnötig, nehmen Sie entweder stilles oder
kohlensäurearmes Wasser. Und wenn Sie Wasser gar nicht mögen,
greifen Sie zu Fruchtsäften. Aber bitte nicht pur, mischen Sie sich
Schorlen. Das erfrischt wunderbar, Schorlen liefern Vitamine und
belasten nicht. Die Energie bleibt Ihnen mindestens eine Stunde erhalten!

Notieren Sie jetzt, welche Ihrer Trinkgewohnheiten Sie ändern wollen, weil sie den ressourcenvollen Zustand verhindern:

Nutzen Sie das Akquisitions-Power-Ritual

Ich habe immer wieder festgestellt, dass der bewusste Umgang mit
meinem Körper, meinen Gedanken, meiner Ernährung oder meinen Emotionen allein nicht ausreichte, um den Top-Zustand zu erreichen. Darum habe ich ein „Energieritual für die Akquisitions-
Power" entwickelt. Dieses Ritual hilft, die für unsere Akquisitionserfolge so wichtige Tagesform zu optimieren.

Es ist sehr wichtig, eine spezielle Technik für die unterschiedlichsten Akquisitionssituationen zu entwickeln. Eine Technik, die wie
ein Ritual immer und immer wieder angewandt wird, wenn es an
Kraft und Energie fehlt, die Aufgaben in der Akquisition in einem
förderlichen Zustand anzugehen. Das Energieritual, das ich Ihnen
vorstellen möchte, beruht auf der Erfahrung vieler erfolgreicher
Menschen, die durch den angemessenen Umgang mit ihren Emotionen zu einer energiereichen und motivierenden Akquisitions-Power
gefunden haben. Natürlich muss jeder für sich herausfinden, welche
Strategie und Methode für ihn am besten ist. Die folgende Methode

vermittle ich seit 1998 in meinen Coachings und Seminaren, und ich wende sie auch selbst an. Sie hat so gut wie immer zu den gewünschten Resultaten geführt. Und vielleicht hilft sie auch Ihnen.

Das Akquisitions-Power-Ritual umfasst fünf Schritte, die sich in fünf Fragen konkretisieren:

1. Schritt: Worauf richte ich meinen Fokus, um mich zu motivieren?

Konzentrieren Sie sich bei dieser Frage auf Ihre Akquisitionserfolge. Fokussieren Sie Ihre letzten erfolgreichen Akquisitionssituationen. Schreiben Sie nun in Stichworten auf, was Ihnen dazu einfällt, damit Sie es immer wieder parat haben, wenn Sie sich auf die Akquisitionsphase vorbereiten:

| |
| |
| |
| |

2. Schritt: Welche positiven Bilder habe ich von meinen Erfolgen?

Visualisieren Sie Ihre Akquisitionserfolge. Was sehen Sie, wenn Sie diese Situationen und Gespräche noch einmal durchleben? Was sagen Sie zu Ihren Kunden, und was hören Sie von ihnen? Was haben Sie alles gemacht, und wie haben Sie sich dabei verhalten? Vielleicht bewundern Sie auch eine Person, die sich meisterhaft in der Akquisition verhält: Was zeichnet diese Person aus?

| |
| |
| |
| |

3. Schritt: Wie lauten meine fördernden Überzeugungssätze?

Machen Sie sich bewusst, wie Sie über Ihre Akquisitionserfolge denken, und schreiben Sie hier Ihre Gedanken dazu auf. Wenn Sie von Ihrem Paten oder Mentor gefragt werden: „Was bedeutet für Sie die Akquisition, was lieben Sie daran?", dann sind es die Antworten auf diese Frage, die Sie notieren sollten:

4. Schritt: Welche Wiederholungsrituale nutzen mir?

Tun Sie immer wieder das Gleiche, wenn Sie in die Akquisitionsphase eintauchen. Konzentrieren Sie sich, damit es Ihnen zur Gewohnheit wird. Trinken Sie zum Beispiel ein bestimmtes Getränk oder legen Sie fest, welche Kleidung Sie ab jetzt stets bei wichtigen Akquisitionsgesprächen tragen wollen. Sagen Sie sich immer wieder dieselben Worte vor, wenn etwas gut läuft. Führen Sie dabei eine bestimmte Bewegung aus – so, wie zum Beispiel Boris Becker die Beckerfaust machte, wenn etwas geklappt hatte.

Also: Welche Wiederholungsrituale helfen Ihnen?

5. Schritt: Wie bringe ich mich körperlich in einen Top-Zustand?

Bringen Sie Ihren Körper in Schwung. Was für Power-Übungen fallen Ihnen dazu ein? Ist es ein Strecken, ein Schrei oder ein kleiner Spaziergang? Ja, vielleicht gehen Sie sogar vor einem Akquisitionsgespräch joggen?

Wichtig ist, dass Sie diese fünf Schritte vor jedem Akquisitionsge-spräch wiederholen, sich immer wieder diese Fragen stellen und die Konsequenzen daraus ziehen. Ein Vorgang wird dann zu einem Ritual, wenn Sie den Vorgang permanent wiederholen. Indem Sie sich Ihre Akquisitionserfolge in bunten, lebendigen Bildern visuali-sieren, sich Ihre Überzeugungssätze vorsprechen, Ihren „Akquisi-tionsanzug" anziehen und vor dem Gespräch Ihren Kakao trinken, signalisieren Sie sich selbst: „Auf ins erfolgreich verlaufende Akqui-sitionsgespräch!"

Fazit und: Was Sie jetzt sofort tun sollten

Fertigen Sie anhand der Notizen, die Sie sich in diesem Kapitel gemacht haben, einen Umsetzungsplan an. Die entscheidende Frage ist immer: „Was muss ich tun, um in einen Top-Zustand zu kommen?"

➤ Welche Emotionen helfen dabei?

➤ Welche Körperhaltungen bieten Unterstützung?

➤ Welche Köperübungen helfen?

➤ Welche Fragen aktivieren den ressourcenvollen Zustand?

➤ Wie müssen Ernährung und Trinkgewohnheiten ausschauen, damit Sie den Top-Zustand herbeiführen?

➤ Welche Rituale unterstützen die Entstehung der Akquisitions-Power?

Wenn Sie das nächste Mal merken, dass schon den ganzen Tag al-les schief läuft und sich scheinbar die ganze Welt gegen Sie ver-schworen hat, dann denken Sie einfach wieder an die wichtigen Punkte, die Sie in diesem Kapitel erfahren haben. Und Sie werden feststellen: Ihr Fokus auf die positiven Dinge wird Sie erfolgreich durch den Tag und somit durch die Akquisition bringen.

Wenn Sie die Tipps dieses Kapitels beherzigt haben, werden Sie langsam überfließen vor lauter Energie und Tatendrang. Da gibt es nur eine Lösung: Setzen Sie die Energie in konkrete Taten um – handeln Sie!

6. T.U.N. – Gewinnen fängt mit Beginnen an

Es ist eigentlich eine Allerweltsweisheit: Die schönsten Ziele, die beste strategische Planung, die motivierendsten Verpflichtungen und der übervollste Energietank nutzen nichts, wenn nicht der entscheidende Schritt zum TUN geleistet wird. Sie müssen handeln und aktiv werden. Die Erfahrung zeigt, dass hier die Grenzlinie zwischen eher durchschnittlich erfolgreichen Akquisiteuren und den Spitzenleuten verläuft. Letztere schaffen den Sprung von der Planung zum Handeln, ohne dass Reibungsverluste entstehen, und zwar mithilfe von Power-Wortkombinationen. Was das ist? Lesen Sie weiter!

Verlassen Sie die gemütliche Gewohnheitszone

T.U.N. steht für **T**ag **U**nd **N**acht, und zwar für die Bereitschaft, sich voll und ganz auf die Aktivitäten zu konzentrieren, die zur Erreichung der Akquisitionsziele und der strategischen Planungsschritte notwendig sind. „Ohne Fleiß kein Preis" – erfolgreiche Verkäufer sind „**T**ag **U**nd **N**acht" damit beschäftigt, ins TUN zu kommen.

Allerdings – ich betone es bereits: Wie schnell ist nichts passiert! Das fällt mir immer wieder auf, wenn ich Verkäufer zwischen den einzelnen Trainingsintervallen frage, wie es denn klappt mit der Akquisition. Ich bekomme dann Aussagen zu hören wie „Ich hatte leider keine Zeit", „Mir kam dieses oder jenes dazwischen" oder die Anmerkung, sie hätten einfach wichtigere Dinge vorziehen müssen und seien bei der Akquisition deshalb noch nicht weitergekommen. Doch bei genauerem Hinterfragen stellte sich zumeist heraus, dass diese Gründe oft nur vorgeschoben waren. Die wirklichen Gründe hatten mehr damit zu tun, dass so mancher einfach in seiner Gewohnheits- und Komfortzone stecken geblieben war. Da hat sich also wieder der innere Schweinehund bemerkbar gemacht, und trotz der starken Verpflichtungen ist der entscheidende Weg, der zum Handeln führt, nicht gefunden worden. Aber es gibt eine Methode, die uns, die Sie schnell zum Handeln bringt.

Legen Sie den „Just do it"-Hebel um

Wie können wir unsere bequeme Gewohnheitszone schnell verlassen, und wie schaffen wir es dabei, eine langfristige und nachhaltige Motivation zu erzeugen, die die Bereitschaft zum sofortigen aktiven Handeln aufrechterhält? Die Lösung ist so einfach wie erfolgreich – das Zauberwort lautet: „Just do it!" Richtig angewendet, entfaltet die Methode eine Hebelwirkung, sodass Sie von Null auf 100 durchstarten können. Um die Wirkung des Hebels zu veranschaulichen, werde ich Sie durch fünf einfache, aber sehr wichtige Phasen führen.

Phase 1: Die Power-Wortkombination, die Sie aktiv werden lässt

Entscheiden Sie sich für eine Wortkombination. Es muss eine Wortkombination sein, die Sie sonst nicht in Ihrem Alltagssprachgebrauch benutzen. Überlegen Sie sich eine Wortkombination, die Sie auch in Zukunft für nichts anderes benötigen als für den Schritt, der Sie ins Handeln bringt. Diese Wortkombination muss kurz, knapp und bündig sein und vor allem eine motivierende Wirkung auf Sie ausüben. Beispiele für solche Wortkombinationen sind:

- Just do it!
- Go for it!
- Jetzt geht's los!
- Auf geht's!
- Zack, zack!
- 1, 2, 3 – los!

Wenn Sie wollen, können Sie sich bereits jetzt **Ihre** Power-Wortkombination überlegen:

Meine Power-Wortkombination:

_____ !!!!

Phase 2: Verknüpfen Sie die Wortkombination mit positiven Aktivitäten

In dieser Phase schaffen Sie eine positive Verknüpfung Ihrer Wortkombination – wie zum Beispiel „Just do it!" – mit einer Aktivität, die Sie gerne ausüben und auf die Sie sich freuen. Nehmen wir etwa die Kreativpause: Sie wollen eine Pause einlegen. Bevor Sie von Ihrem Stuhl aufstehen, sagen Sie klar und deutlich: „Just do it!" – erst dann stehen Sie auf. Oder bevor Sie den Telefonhörer in die Hand nehmen, um die Person anzurufen, auf die Sie sich schon die ganze Zeit freuen, sagen Sie wieder zu sich: „Just do it!" – und nehmen dann den Hörer in die Hand.

Sie können sich Ihre Wortkombination lediglich denken oder Sie auch laut sagen. Ich empfehle das laute Sprechen: Denn je lauter und entschlossener Sie die Wortkombination zu sich sagen, desto intensiver und erfolgreicher ist die Verknüpfung. Ziel ist, dass Ihr Bewusstsein und Ihr Unterbewusstsein wissen: Wenn die Wortkombination ertönt, geschieht etwas Erfreuliches.

Bevor Sie die Technik für die Akquise einsetzen, ist ein Training von mindestens zwei bis drei Wochen anzuraten – dann gelingt in der Regel die nachhaltige Verknüpfung. Wenn Ihr persönliches „Just do it!" erfolgt, wissen Sie: Jetzt geht es auf zu einer Aktivität, die Spaß und Freude bereitet.

Also: Vor welchen Aktivitäten, die Ihnen Freude bereiten, können Sie die Anwendung Ihrer Power-Wortkombination üben? Notieren Sie bitte Ihre Antworten:

Phase 3: Setzen Sie die Wortkombination am Beginn von negativen Aktivitäten ein

Nach dem Training, Ihre Wortkombination mit angenehmen Aktivitäten und Aufgaben zu verknüpfen, sollten Sie jetzt mit kleinen Aufgaben arbeiten, die Ihnen nicht so viel Spaß machen. Verbinden Sie auch diese Aktivitäten mit Ihrer Wortkombination: etwa wenn Sie einen Brief schreiben müssen, dessen Inhalt eher unangenehm ist – zum Beispiel eine Mahnung –, oder ein Telefonat führen, das wahrscheinlich nicht unproblematisch verlaufen wird, oder einen Einkauf erledigen oder endlich das Buch lesen wollen, das schon lange auf Ihrem Schreibtisch liegt.

Wichtig dabei ist, dass Sie mit kleinen Aufgaben starten, die Ihnen keinen Stress bereiten, wie Ihre Steuererklärung, die schon seit Monaten daliegt, oder andere Aufgaben, die schon seit längerem erledigt gehören und die Sie immer wieder vor sich her geschoben haben. Aber auch, wenn es nun um unangenehme Aktivitäten geht: Ihr persönliches „Just do it!" bereitet Sie darauf vor, diese Dinge voller Elan und Engagement anzugehen.

Notieren Sie jetzt die Aktivitäten, die für diese Übung geeignet sind:

Bestimmen Sie selbst, wann Sie Ihre Wortkombination auch vor größeren Aufgaben einsetzen – je nachdem, wie gut es funktioniert.

Phase 4: Stellen Sie die Nachhaltigkeit sicher

Schaffen Sie sich immer wieder Erinnerungen, um diese Methode nicht zu vergessen. Planen Sie Ihre Wortkombinationen bei den unterschiedlichsten Alltagsroutinen ein, tragen Sie sie im Terminkalender ein, hängen Sie einen entsprechenden Notizzettel neben den Spiegel, legen Sie ihn gut sichtbar auf den Schreibtisch oder ins Auto. Sorgen Sie dafür, dass Sie diese Erfolgsgewohnheit immer wieder trainieren und üben können.

Phase 5: Setzen Sie die Technik bei Akquisitionstätigkeiten ein

Nun geht es nicht darum, die Power-Wortkombination bei Kreativpausen oder angenehmen Telefonaten einzusetzen, bei unangenehmen oder schwierigen Aktivitäten, sondern vor wichtigen Akquisitionsgesprächen, gleich, ob es sich um schwierige oder leichte Gespräche handelt. Sie haben keine Angst mehr vor dem Handeln.

Der Turbo-Tipp: die 72-Stunden-Regel

Mit der 72-Stunden-Regel stellen Sie sicher, dass Sie die Vorsätze auch wirklich umsetzen: Beginnen Sie alles Neue, das Sie sich vornehmen, spätestens innerhalb von 72 Stunden nach dem ersten Vorsatz. Dazu ein Beispiel: Sie nehmen sich vor, jeden Tag zwei Stunden Telefonakquisition zu machen. Dann planen Sie in Ihrem Terminbuch bis spätestens übermorgen die ersten Zeitfenster ein. Denn: Folgt dem guten Vorsatz nicht innerhalb von drei Tagen eine erste Aktivität, dann wird er mit größter Wahrscheinlichkeit zu einem der berüchtigten „Man-müsste-mal"-Vorsätze.

Hierzu gibt es ein wunderschönes Gedicht das mich immer wieder motiviert hat, ins Tun und Handeln zu kommen:

SIEG

Wie oft schon hörte ich dich sagen,
Du würdest große Dinge wagen.
Wann wohl, glaubst du, kommt der Tag,
Da endet alle Müh' und Plag,
Da du zu großen Taten schreitest
Und da du selbst dein Schicksal leitest?
Und wieder ging ein Jahr vorbei,
Doch nie warst du, mein Freund, dabei,
Wenn's galt, nun endlich zuzugreifen,
Damit auch deine Früchte reifen!
Woran es liegt? Erklär es nur!
Du hattest Pech? Ach keine Spur!
Wie immer, einzig und allein
Lag's nur an dir, an dir allein.
Schau auf deine Hände bloß:
Sie liegen still in deinem Schoß,
Statt endlich, endlich doch zu handeln
Und alles in dir umzuwandeln.

von Herbert Kauffman

Fazit und: Was Sie jetzt sofort tun sollten
• Der „Just do it"-Hebel bewirkt, dass Sie die Angst davor verlieren, aktiv zu werden.   • Finden Sie Ihren persönlichen Hebel und trainieren Sie seine Anwendung im Sinne des Fünf-Phasen-Programms.

Sie haben jetzt einiges geleistet. Ist es da nicht einmal an der Zeit, sich selbst anerkennend auf die Schulter zu klopfen und sich selbst zu loben?

7. Der Motivationskick: Belohnen Sie sich

Sie haben Ihre Ziele festgezurrt. Sie haben einen detaillierten strategischen Plan erstellt, der Ihnen hilft, Ihr Umsatzziel zu erreichen, und sich verpflichtet, Ihre Vorhaben konsequent umzusetzen. Sie haben Ihre Energie in konkretes Handeln kanalisiert und Ihren „Just do it"-Hebel gefunden. Und das alles ist ein Grund, sich nun einmal selbst kräftig zu loben. Denn zur Entfaltung kontinuierlicher Akquisitions-Power gehört auch eine gewisse Lockerheit. Eine positive Grundstimmung unterstützt Ihre Arbeit und sorgt für weitere Motivationsschübe. Und diese positive Atmosphäre erreichen Sie, wenn Sie sich ab und zu selbst belohnen.

Feiern Sie Ihre Erfolge – und Ihre Misserfolge

Bei einer Befragung von 2 000 Beschäftigten fand das Meinungsforschungsinstitut Gallup heraus, dass 70 Prozent ihren Dienst nach Vorschrift ableisten und 18 Prozent überhaupt keine Lust auf ihre Arbeit verspüren. Gerade für eine kontinuierliche und erfolgreiche Akquisitions-Power ist es jedoch immens wichtig, sich immer wieder einen Motivationskick zu verschaffen. Damit stellen Sie auch die Nachhaltigkeit Ihrer Erfolge sicher. Eine Möglichkeit ist, die eigene Leistung anzuerkennen und sich selbst zu loben, zum Beispiel, indem Sie

➤ sich mit einem schönen Essen in einem noblen Restaurant belohnen,

➤ sich einen Kurzurlaub „außer der Reihe" gönnen,

➤ sich endlich mal wieder mit Ihren Freunden treffen und diejenigen sozialen Kontakte pflegen, die Sie aufgrund Ihrer Akquisitionsarbeit in der Vergangenheit vielleicht etwas vernachlässigt haben oder

➤ in den nächsten Tagen oder Wochen etwas mehr Freizeit mit Ihrer Familie verbringen.

Egal, ob Sie ein Angestellter sind und einen Chef haben oder selbstständig und Ihr eigener Chef sind: Für mich ist das eigenständige Denken und Handeln für den Erfolg im Vertrieb eine sehr wichtige

Angelegenheit. Genau darum müssen wir uns auch immer wieder selbst motivieren. Denn wer auf die „fremde", von außen kommende Anerkennung zur richtigen Zeit wartet, wartet unter Umständen ein Leben lang.

Immer wieder begegne ich in meinen Trainings sehr erfolgreichen Verkäufern, die vor allem Folgendes auszeichnet: ihre starke Begeisterung und ihre Überzeugungskraft, zu der sie sich selbst verhelfen. Auf meine Frage, was denn ihr Motivationshebel sei, erhalte ich stets ähnliche Antworten. Einer der stärksten Hebel ist die Selbstbelohnung für die erreichten Ergebnisse. Mit diesem Hebel holen sich diese Spitzenleute auf ihre persönliche Art und Weise die Anerkennung und Belohung, die sie brauchen und die sie motiviert.

Am wichtigsten ist: Gönnen Sie sich etwas, was Ihnen so richtig Spaß und Freude bereitet. Dann ist die Wahrscheinlichkeit groß, dass Sie diese Freude auch wieder mit in Ihre nächsten Akquisitionstätigkeiten nehmen – ein positiver Motivationskreislauf ist in Gang setzt.

Die Möglichkeiten, sich oder andere zu motivieren, sind so vielfältig und bunt wie die Bilder bei einem Blick durch das Kaleidoskop. Doch immer noch sind die meisten Verkäufer und viele Führungskräfte der Meinung, Verkäufer ließen sich vor allem über das Gehalt motivieren. Untersuchungen haben jedoch ergeben, dass sich Verkäufer für ihre Tätigkeit vor allem eines wünschen: Lob und Anerkennung für gut geleistete Arbeit. Interessant ist, dass erst an vierter Stelle das gute Einkommen steht. Das heißt: Stellen Sie fest, welche Belohnung Sie wirklich überzeugt. Wählen Sie nicht einfach die nächstbeste Belohnung, denken Sie weiter – schließlich sind Sie ein Spitzenverkäufer, der sich permanent verbessern will und stets überlegt, welche Art von Lob Ihre Leistungen nicht nur gebührend feiert, sondern Sie zusätzlich motiviert.

Aber: Feiern Sie auch Ihre Misserfolge. Das mag Sie zunächst überraschen. Bedenken Sie jedoch: Sind nicht auch Ihre Misserfolge letztlich nichts anderes als notwendige Schritte auf Ihrem Weg zur Zielerreichung? Sicher gibt es immer wieder Kundengespräche oder Verkaufssituationen, die nicht Ihrer Vorstellung entsprechend verlaufen und folglich als Misserfolg bewertet werden – weil zum Beispiel kein Abschluss zu vermelden war. Doch eigentlich sind dies keine Misserfolge, sondern – neutral betrachtet – Ergebnisse oder

Resultate. Erst durch Ihre Bewertung und Interpretation wird aus solchen Vorgängen etwas Negatives, wie wir bereits gesehen haben (siehe Kapitel 1).

Das schließt Selbstkritik nicht aus – es heißt lediglich, den Fokus auf die Einstellung zu richten, aus Fehlern vor allem lernen zu *dürfen*.

Nutzen Sie die Checkliste zur Selbstmotivation

Im Vertriebsalltag gibt es viele Aufgaben, die es zu erledigen gilt. Dazu gehören sicherlich auch Dinge, die uns nicht so liegen oder uns einfach kein Spaß machen. Während der eine Verkäufer es liebt, Briefe und Angebote zu schreiben, besucht ein anderer Verkäufer lieber Kunden oder telefoniert mit ihnen. Doch jede einzelne Aufgabe ist wichtig und führt uns – wie auf einer Treppe – Stufe für Stufe zum gewünschten Auftrag. Gerade darum ist es wichtig, sich für jeden dieser Schritte in jeder Akquisitionsphase aufs Neue zu motivieren. Damit die Selbstbelohnung als wirkungsvoller Motivationshebel eingesetzt werden kann, sind ein paar wenige Punkte zu berücksichtigen. Hierfür habe ich eine einfache, aber wirkungsvolle Checkliste erstellt:

☺ Checkliste für die Selbstmotivation ☺			
Was ist mein Ziel? (heute, Woche, Monat)			
Was muss ich dafür TUN? (die Aktivitäten)	• • • • •	**Die Belohnung**	
Welche Hindernisse gibt es und wie überwinde ich sie?			
Erledigungszeitraum:	Vom :_____ bis: :_____		**Ok?**

Dabei gilt: kleine Zielerreichung – kleine Belohnung, große Zieler-reichung – große Belohnung. Sollten Sie sich einmal eine Belohnung ausgedacht und die Aufgabe trotzdem nicht zu Ihrer Zufriedenheit erledigt haben, kann es sein, dass die Belohnung nicht motivierend genug war. Denken Sie sich einfach eine neue Belohnung aus.

Fazit und: Was Sie jetzt sofort tun sollten

Suchen Sie nach Belohnungen, durch die Sie Ihre Erfolge – und Misserfolge, also Ihre Ergebnisse und Resultate – feiern können und die Sie zugleich motivieren, in Zukunft noch besser zu wer-den.

Sie sind nun fast am Ende des KAP-Erfolgszirkels angelangt. Nun ist es notwendig, Rückschau zu halten. Vielleicht ist es Ihnen noch nicht gelungen, Ihre gesamten Potenziale auszu-schöpfen. Darum steht im nächsten Kapitel eine detaillierte Ana-lyse Ihrer Potenziale an.

8. Analysieren und aktivieren Sie Ihre Potenziale

Der Akquisitionsprozess ist eine unendliche Geschichte – weshalb der KAP-Zirkel auch ein Zirkel ist, bei dem nach den Schritten Controlling und Erfolgskontrolle der Kreislauf wieder in die Formulierung neuer Ziele übergeht. Das Spiel beginnt von vorn! Darum sollten Sie immer Ausschau halten nach Optimierungsmöglichkeiten – und nach brachliegenden Chancen und Potenzialen, die nur darauf warten, von Ihnen entdeckt und für die Akquisition genutzt zu werden. Dieses Kapitel zeigt Ihnen, wie Sie Ihre Potenziale in Zukunft so steuern, dass Sie sie voll ausschöpfen können.

Wo liegen Ihre versteckten Chancen?

Wenn Sie sich auf die Suche nach Ihren Chancen für die Zukunft begeben, dann ist zuerst ein Blick auf die Probleme der Vergangenheit hilfreich. Nach dem Motto: Hinter jedem Problem verbirgt sich eine Chance! Das ist die Idee der Akquisitionspotenzial-Analyse: Sie spüren nach einem praxiserprobten Schema die Schwachstellen Ihres Vertriebs auf und haben so den Schlüssel zur Entfaltung Ihrer Potenziale in der Hand. Eine solche Analyse habe ich mittlerweile bei zahlreichen Unternehmen durchgeführt. Dabei hat sich herausgestellt, dass immer wieder fünf typische Probleme auftauchen, durch die der Potenzialentfaltung Steine in den Weg gelegt werden – Steine, die Sie wegräumen müssen. Nutzen Sie diese folgende Auflistung als Startpunkt für Ihre eigene Analyse.

Räumen Sie die fünf „Problemsteine" aus dem Weg, die Ihre Chancen schmälern

Ihre Potenzialchance 1: Die Umsetzung der Akquisitionsstrategie funktioniert noch nicht

Eines der häufigsten Probleme in der Akquisition besteht darin, dass der einzelne Verkaufsmitarbeiter zwar engagiert und motiviert ist, er die Akquisitionsstrategie im Alltag aber noch nicht ausreichend umsetzt. Das kann Sie selbst, aber auch Ihre Kollegen betreffen.

Ihre Chance für die Zukunft: Wenn es Ihnen heute gelingt, sich als Akquisiteur und Verkäufer stärker in Ihre Strategie einzubinden, steigt der Akquisitions- und Verkaufserfolg. Dazu müssen Sie sich vor allem die formulierten Ziele und die strategische Planung noch einmal in Ruhe vornehmen und gezielt nach Optimierungsmöglichkeiten suchen. Bilden Sie mit Kollegen ein Team, das in einem Brainstorming Verbesserungsoptionen erarbeitet, die dann der ganzen Abteilung vorgelegt werden.

Ihre Potenzialchance 2: Die Zusammenarbeit zwischen Außen- und Innendienst kann verbessert werden

Ein Beispiel aus der Praxis: Der Außendienst startet eine Akquisitionsoffensive, bei der alle begeistert mitmachen und erfolgreich sind. Das Problem entsteht anschließend hier: Der Innendienst zieht nicht mit, fühlt sich überlastet – die neu geworbenen Kunden bekommen keine Angebote, werden viel zu spät oder überhaupt nicht beliefert.

Ihre Chance für die Zukunft: Im Beispiel ist zwar ein Extremfall geschildert. Aber ein Blick auf die Zusammenarbeit von Innen- und Außendienst lohnt fast immer: Wenn es Ihnen gelingt, die Kräfte zu bündeln, entsteht automatisch mehr Dynamik und mehr Verkaufserfolg.

Ein Grund, warum die Zusammenarbeit zwischen Innen- und Außendienst nicht immer so funktioniert wie gewünscht, ist: Oft kennen die Abteilungen die Aufgaben des jeweils anderen Bereichs nicht genügend – oder wollen sie nicht kennen. Vor allem in den gemeinsamen Teamsitzungen artikulieren sich die gegenseitigen Vorbehalte in Äußerungen wie: „Wir laufen uns da draußen die Füße wund, und der Innendienst kommt mit der Nachbereitung unserer Kundenkontakte nicht nach" – so die Klage der Verkäufer im Außendienst. Und: „Wir vereinbaren einen Kundentermin nach dem anderen, und die da draußen beraten und beraten, verkaufen aber nichts" – so die Beschwerde der Innendienstler. Manchmal sind diese Klagen gerechtfertigt, manchmal Ausdruck einer gestörten Kommunikation. Was also muss getan werden, um die Kommunikation zu verbessern? Hier einige Vorschläge:

1. In einem gemeinsamem Meeting werden Spielregeln festgelegt, wie Innen- und Außendienst in Zukunft miteinander umzugehen gedenken und was jeder Einzelne tun kann, um zu einer verbesserten Zusammenarbeit zu gelangen.

2. Die Aufgabenverteilung wird analysiert und, falls notwendig, geändert. Ein Beispiel aus der Praxis: Ist die durchschnittliche Anzahl der Kundentermine eines Verkäufers pro Monat zu gering, stellt sich die Frage, ob dies an einer unzureichenden Kommunikation mit dem Innendienst liegt, mithin an der Vertriebsorganisation. Vielleicht ist der Außendienst mit vertriebsfremden Aufgaben überlastet, die delegiert werden müssen, oder er betreut zu viele C-Kunden, die besser an den Vertriebsinnendienst abgegeben werden sollten. Das wiederum kann zu der Überlegung führen, ob der Innendienst Unterstützung durch ein externes Call Center benötigt.

3. Es gibt den Spruch: „Die linke Hand weiß nicht, was die rechte tut." Beide Bereiche müssen darüber informiert sein, was die jeweils „andere Hand" macht. Ein permanenter Informationsfluss zwischen Innen- und Außendienst ist durch die Einrichtung eines abteilungsübergreifenden Netzwerks gewährleistet, an dem Vertreter aus Innen- und Außendienst beteiligt sind, die sich über ihre Arbeit gegenseitig informieren, Probleme besprechen und gemeinsame Lösungen finden. So erhält jede Seite Einblick in die Nöte und Schwierigkeiten der anderen. Der gemeinsame Austausch bewirkt ein Verständnis für die Probleme der anderen Abteilung. Der Außendienstler weiß nun, dass die Nachbereitung der Kundenkontakte manchmal etwas länger braucht, weil Kunden im persönlichen Gespräch schon einmal recht schnell Interesse bekunden, jedoch zögerlich reagieren, wenn es um die Ausgestaltung des konkreten Angebots geht, das der Innendienst verschickt. Und der Innendienst erfährt von der Mühsal der Akquisition vor Ort beim Kunden.

4. Wenn es sich einrichten lässt, sollten die Mitarbeiter in den jeweils anderen Bereich hineinschnuppern: Der Außendienstler

setzt sich im Büro eine Stunde neben den Innendienstler und beobachtet seine Telefonaktivitäten. Der Innendienstler wiederum begleitet den Kollegen auf einem seiner Kundenbesuche. Durch diese Form der „Jobrotation" lernt jeder die Tätigkeit des anderen aus erster Hand kennen.

5. Schließlich werden alle Kommunikationsmedien genutzt, um den Informationsfluss aufrechtzuerhalten: von der E-Mail und dem „schwarzen Brett" über eine Datenbank bis hin zu einem Newsletter, der speziell für Außen- und Innendienst entworfen wird.

6. Neben den „offiziellen" Kommunikationswegen darf die Bedeutung der informellen Kommunikation nicht unterschätzt werden. Warum also nicht einen Stammtisch einrichten, zu dem sich Mitarbeiter aus Innen- und Außendienst in gemütlicher Atmosphäre treffen. Da in solch informellen Gesprächen ab und an auch berufliche Angelegenheiten besprochen werden, kann der Plausch am Stammtisch sogar der Geburtsort kreativer Ideen und innovativer Verbesserungsvorschläge sein.

7. Im außerbetrieblichen Bereich – vom offiziellen Wochenend-Workshop über den bereits erwähnten Stammtisch bis zur gemeinsamen Outdoor-Veranstaltung – lernen sich Innen- und Außendienstler in einem ungezwungenen Umfeld von ihrer privaten Seite kennen.

Ihre Potenzialchance 3: Die Umsatzpotenziale bei den Kunden werden nicht konsequent genutzt

Haben auch Sie manchmal das Gefühl, dass Sie mehr an Ihre vorhandenen Kunden verkaufen könnten? Damit stehen Sie nicht allein da. Extrem viele Verkaufschancen werden nicht genutzt, weil der einzelne Akquisiteur und Verkäufer zu wenig Informationen über den einmal gewonnenen Kunden sammelt und ihm deshalb zu wenige Lösungen anbieten kann.

Ihre Chance für die Zukunft: Höhere Kontaktfrequenz und konsequenter Beziehungsaufbau sind der Schlüssel, mit dem Sie in diesem Punkt Ihre Potenziale ausschöpfen. Auch Bestandskunden sollten immer wieder „neu akquiriert" werden. Nur so können Sie gezielt

Informationen über Ihre Kunden sammeln und analysieren, damit Sie genau im richtigen Moment die richtige Lösung anbieten. Dazu gehört auch: Den Kunden regelmäßig informieren, damit er weiß, was Sie ihm alles bieten können!

Ihre Potenzialchance 4: Die Führungskultur ist in Stein gemeißelt

Falls Sie Führungs- und Personalverantwortung übernommen haben, gilt: Wer sich selbst als Chef kritisch überprüft, hat einen Vorsprung. Denn in vielen Unternehmen bleiben Mitarbeiterpotenziale ungenutzt, weil die Führungskultur den einzelnen Mitarbeiter hemmt und niemals in Frage gestellt wird.

Ihre Chance für die Zukunft: Überprüfen Sie regelmäßig Ihren eigenen Führungsstil (wenn Sie selbst der Vertriebschef sind). Holen Sie sich einen Berater, der Ihnen Feedback gibt. Und probieren Sie neue Führungstechniken aus. Einfaches Beispiel: Üben Sie einmal eine Woche lang keinerlei Kritik an Ihren Mitarbeitern und beobachten Sie genau, was sich verändert. So bekommen Sie ein Gefühl für die Wirkung Ihrer Worte auf einzelne Mitarbeiter. Sie merken, welcher Mitarbeiter Kritik braucht, um das Optimum zu leisten, und bei wem sie nur Negatives bewirkt.

Ihre Potenzialchance 5: Die Chancen der Kundenansprache bleiben ungenutzt

Der Alltagstrott ist einer der größten Feinde des Verkaufserfolgs. „So haben wir unsere Kunden noch nie angesprochen" – „Das erwartet der Kunde nicht von uns": Solche Einstellungen führen schnell dazu, dass der einzelne Verkäufer immer so weitermacht wie bisher und nicht alle Chancen nutzt, um mit dem Kunden in Kontakt zu kommen, ihn besser kennen zu lernen und mehr an ihn zu verkaufen.

Ihre Chance für die Zukunft: Begeben Sie sich auf die Suche nach Kontaktchancen: Wo können Sie Ihre Kunden treffen – vielleicht außerhalb der üblichen Verkaufssituation? Auf welche neuen Arten können Sie in Kontakt treten?

Fazit und: Was Sie jetzt sofort tun sollten

- Spüren Sie – am besten im Team – die größten Akquisitionshindernisse auf und schaffen Sie Abhilfe.
- Interpretieren Sie Hindernisse als brachliegende Chancen. Lassen Sie die nun erkannten Chancen in Ihre Zielsetzungen und ihre strategische Planung einfließen – formulieren Sie also vor allem neue Ziele.
- Erfahrungsgemäß liegen in der Verbesserung der Kommunikation zwischen Innen- und Außendienst sehr große Optimierungspotenziale, die zudem relativ schnell genutzt werden können. Überlegen Sie, was Sie dazu beitragen können.

Nun fehlt noch der letzte Schritt: die Erfolgsüberprüfung. Sie dient vor allem der Zukunftsgestaltung und der Überarbeitung Ihrer Ziele – der KAP-Erfolgszirkel beginnt von vorne: Denn Akquisition ist ein dauerhafter Prozess!

9. Steuern Sie zukünftige Erfolge mit Controlling

Um es gleich vorweg zu sagen: Controlling kommt nicht von Kontrolle! Denn wer kontrolliert, fokussiert sich vor allem auf das, was in der Vergangenheit gemacht wurde – und der Schwerpunkt liegt auf dem, was nicht so gut lief. Damit haben wir uns im letzten Kapitel beschäftigt, um schließlich neue Chancenpotenziale zu entdecken. Mit „Controlling" meine ich vielmehr den zukunftsorientierten Ausblick auf der Basis der erreichten Resultate. Controlling ist mithin ein Steuerinstrument, das Ihr Akquisitionsschiff auf Zukunftskurs hält.

Wiederholen Sie den Akquisitions-Power-Check

Erinnern Sie sich noch an den Akquisitions-Power-Check, mit dem Sie im ersten Kapitel Ihre Kompetenzen beurteilt haben? Dort haben Sie auch überlegt, wohin Sie sich entwickeln wollen und wo Sie Ihren größten Engpass sehen. Ich habe Ihnen empfohlen, vor allem in den Bereichen, in denen Ihr Wert unter 5 liegt, Optimierungsmaßnahmen anzugehen und sich dabei von diesem Buch inspirieren und helfen zu lassen. Nun bitte ich Sie, diese Liste noch einmal zu bearbeiten, auch mithilfe eines Kollegen, Freundes oder Ihres Vorgesetzten. Dies sollte stattfinden, nachdem Sie die Tipps und Hinweise, die ich Ihnen anbiete, eine Zeit lang eingesetzt haben.

sehr schlecht								hervorragend	
Wie beurteilen Sie Ihre Fähigkeiten in Bezug auf: **1**	**2**	**3**	**4**	**5**	**6**	**7**	**8**	**9**	**10**
1. Eigenmotivation									
2. Begeisterung									
3. Kreative Ideen umsetzen									
4. Beim Interessenten Interesse wecken									
5. Interessenten zu Käufern machen									
6. Sichere Bedarfsanalyse									
7. Kommunikationsfähigkeit									
8. Zwischenmenschliche Beziehungen									

9. Empfehlungsgeschäft nutzen	
10. Terminvereinbarung am Telefon	
11. Überzeugende Präsentation	
12. Sichere Argumentation	
13. Strukturierte Gesprächsführung	
14. Bedarf emotional wecken	
15. Zeit- und Selbstmanagement	
16. Ergebnisorientiertes Akquirieren	
17. Sicher abschließen	

Wie gut bewerten Sie Ihre Akquisitionswege?	1	2	3	4	5	6	7	8	9	10
18. Kunden anfragen										
19. Kaltakquisition vor Ort										
20. Telefonakquisition										
21. Vereinbarte Termine, die stattfinden										
22. Mailingaktion										
23. Empfehlungsgeschäft										
24. Call Center legt Termine fest										
25. Kooperationspartner										
26. Multiplikator										
27. Cross Selling/Zusatzgeschäft										

Wie hoch ist Ihre Erfolgsquote im Durchschnitt?	1	2	3	4	5	6	7	8	9	10
28. Durchschnittliche Anzahl der Termine pro Tag										
29. Durchschnittliche Abschluss- quote bei 10 Terminen										
30. Wie viele Neukunden gewinnen Sie pro Monat?										

Wo haben Sie sich verbessert? In welchen Bereichen haben Sie Ihren Wunschwert (noch) nicht erreicht? Wie sieht es mit Ihrem größten Engpass-Faktor aus? Notieren Sie hier Ihre wichtigsten Erkenntnisse:

Überarbeiten Sie Ihren Akquisitionsplan

Jetzt nehmen Sie sich Ihren Fahrplan zur erfolgreichen Akquisition vor, den Sie im dritten Kapitel entworfen haben, und fragen sich:

➤ Wie realistisch war der Plan?
➤ Was ist gut gelaufen, was weniger gut?
➤ Wo besteht Korrekturbedarf?
➤ Muss ich meinen Adresspool vergrößern?
➤ Muss ich meine persönliche Abschlussquote korrigieren?
➤ Darf ich mein Umsatzziel nach oben korrigieren?

Notieren Sie wieder Ihre Anmerkungen:

Wie sieht es mit Ihrer Selbstverpflichtung aus?

Im vierten Kapitel haben Sie die fünf Siegel der Selbstverpflichtung auf Ihre Akquisitionssituation angewendet und die Verpflichtungsmatrix erstellt. Ist es notwendig, Korrekturen vorzunehmen?

Nutzen Sie alle Energiequellen?

Im fünften Kapitel ging es um Ihre Energiereserven. Gelingt es
Ihnen (immer öfter), einen Top-Zustand herzustellen? In welchen
Situationen ist der Versuch gescheitert – und warum? Was müssen
Sie ändern? Überlegen Sie auch, ob Ihr „Just do it"-Hebel leistet,
was Sie von ihm erwarten.

Schreiben Sie einen Umsetzungsbericht

Nehmen Sie sich eine Stunde Zeit und schreiben Sie einen Umset-
zungsbericht, in dem Sie Ihre bisherigen Erfahrungen bei der Umsetzung des KAP-Erfolgszirkels schildern. Welche Einstellung haben Sie nun zur Akquisition?

Ein zweiter Schwerpunkt liegt auf der Statistik: Von besonderer Bedeutung sind dabei Ihre Erfolgsquote bezüglich der Abschlussquote
pro Termin, Ihr Durchschnittsauftragswert pro Auftrag/Abschluss,
Ihre Terminquote – unterteilt nach Bestandskunden und Neukunden –, Ihre durchschnittliche Quote bei der Ansprache von Neukunden, Ihre Erfolge bei der Telefonakquisition und den Kundenkon-
takten vor Ort (persönliche Gespräche).

Fazit und: Was Sie jetzt sofort tun sollten

Nun sind Sie so weit, Ihre Ziele für die Zukunft neu zu bestimmen – Sie befinden sich wieder am Ausgangspunkt des KAP-Erfolgszirkels. Also: Legen Sie Ihre neuen Akquisitionsziele fest und beginnen Sie mit dem zukunftsorientierten Ausblick auf Ihre Akquisition.

Bevor ich im zweiten Teil des Buches im Einzelnen auf die operativen Akquisitionsinstrumente eingehe, ist es notwendig, einen Blick auf ein Thema zu werfen, das bei der Akquisition leider oft viel zu kurz kommt: die Bedeutung der Selbst- und Menschenkenntnis.

10. Entwerfen Sie eine Kundentypologie mit Selbst- und Menschenkenntnis

Wer ist Ihr Kunde? Das ist eine der wichtigsten Fragen bei der Akquisition. Im zweiten Teil dieses Buches geht es um die konkrete Kundenansprache – zum Beispiel per Telefon oder Mailing. Wäre es nicht fantastisch, wenn Sie Ihren Kunden Müller so ansprechen könnten, wie er es sich wünscht? Und die Kundin Schmitt ebenfalls? Eine Möglichkeit, Kunden zielgruppenorientiert anzusprechen, bieten Typologien. Noch wichtiger aber als jede Kundensegmentierung ist es, dass Sie Ihre Selbst- und Menschenkenntnis ausbilden. Wenn Sie die Persönlichkeit eines Menschen, dem Sie begegnen, richtig einschätzen können, bringt dies mehr, als wenn Sie ihn einer Einkommensstufe oder sozialen Schicht zuordnen. Und dann sind Sie auch in der Lage, sich selbst einzuschätzen.

Was Ihnen Selbst- und Menschenkenntnis nutzt

Spätestens seit Johann K. Lavater (1741–1801) im 18. Jahrhundert in seinen „Physiognomischen Fragmenten zur Beförderung der Menschenkenntnis und Menschenliebe" den Versuch unternahm, aus Körperformen den menschlichen Charakter zu erschließen, befinden wir uns auf der Suche nach einer „Theorie", mit der wir Menschen besser einschätzen und beurteilen können. Allerdings bergen Typologien die Gefahr der unzulässigen Verallgemeinerung: Beurteilungen auf ihrer Grundlage verfestigen sich schnell zu Etiketten; es entstehen „Schubladen", in die man Menschen einsortiert. Eine Typologie erlaubt aber auch die Wahrnehmung bestimmter menschlicher Verhaltenspräferenzen.

Nehmen wir an, Sie sind sehr willensstark und dominant. Eine Ihrer Stärken in der Gesprächsführung liegt im zielgerichteten Vorgehen. Sie kommen schnell auf den Punkt und übernehmen gern die Verantwortung für die Gesprächsführung. Diese Persönlichkeitsstruktur darf durchaus als eine Stärke bezeichnet werden, beispielsweise dann, wenn eine schnelle Entscheidung getroffen werden muss. Doch was passiert, wenn Sie in einem Akquisitionsgespräch auf einen Kunden treffen, der ebenso dominant veranlagt ist, sodass Sie nun wie zwei starrköpfige Personen aufeinander prallen? Mögliche Folge: Die Kommunikation droht zu scheitern, weil beide nicht in der Lage sind, sich auf die Position des Gegenübers einzulassen. Würden Sie die Selbst- und Menschenkenntnis besitzen, sich selbst, Ihre Verhaltenspräferenzen, Ihre Wirkung auf andere Menschen sowie die persönlichkeitstypischen Verhaltensweisen des selbstbewussten Kunden einzuordnen, könnten sich alle Beteiligten eine Menge Frust und Ärger ersparen.

Menschenkenntnis bedeutet also, dass Sie möglichst zutreffende Informationen darüber gewinnen,

➤ welche Gefühle, Gedanken, Motive, Einstellungen und Absichten sich hinter aktuellen verbalen und nonverbalen Verhaltensweisen von Menschen verbergen,

➤ welche persönlichkeitstypischen Denk- und Verhaltensmuster Menschen aufweisen, etwa Glaubens- und Wertsysteme sowie Gewohnheiten,

➤ wie Menschen auf bestimmte Umstände und Verhaltensweisen anderer Menschen und in bestimmten Situationen reagieren werden, zum Beispiel mit abwehrendem oder entgegenkommendem Verhalten.

Die Vorteile guter Selbst- und Menschenkenntnis für die Führung von Akquisitionsgesprächen sind:

➤ Sie können mehr Verständnis für sich selbst und andere Menschen aufbringen,

➤ Sie besitzen die Fähigkeit, auf die eigene und die individuelle Persönlichkeit Ihrer Kunden besser einzugehen und so zu sich selbst und zu anderen Menschen bessere Beziehungen zu entwickeln,

➤ Sie können durch bessere Einschätzung der Wirkung des eigenen Verhaltens feinfühliger mit sich und anderen umgehen und

➤ Sie können sich in Gesprächen mit Kunden, Mitarbeitern und Kollegen besser auf den Gesprächspartner einstellen.

Was geschieht, wenn man einen Menschen einschätzt? Nun: Aus der Beobachtung der äußerlichen und deshalb wahrnehmbaren Verhaltensweisen werden Rückschlüsse auf etwas „tiefer Liegendes" gezogen – auf den Charakter, auf Einstellungen, ja auf Weltbilder. Doch Achtung: Manche behaupten, Menschenkenntnis sei die Summe aller Vorurteile und Klischees, die ein Mensch im Laufe seiner Lebenszeit angehäuft habe. Vielmehr hat derjenige die beste Voraussetzung zur Entwicklung von Menschenkenntnis, der den Mut zur menschlichen Kompetenz aufbringt und bereit ist, sich unbefangen auf den anderen Menschen einzulassen, ihm zuzuhören, das Gespräch mit ihm zu suchen und möglichst viel von ihm zu erfahren, kurz: der neugierig auf sein Gegenüber ist. Diese Wissbegierde ist die Voraussetzung für die Entwicklung von Menschenkenntnis.

Bei der Einschätzung von anderen Menschen sollten Sie durchaus Ihrer *Intuition und Ihrem Bauchgefühl* vertrauen – dabei aber immer bedenken, dass jede Interpretation menschlicher Verhaltensweisen das Risiko birgt, kräftig „daneben zu liegen". Des Weiteren können Sie *Typologien* als Analyseinstrumente nutzen, die Unterstützung bieten bei der Einschätzung der eigenen Persönlichkeitsstruktur und der anderer Menschen. Allerdings: Wer eine Typologie nutzt, darf sich nie auf dieses Raster allein verlassen: Eine Beurteilung mithilfe einer Typologie ist lediglich der Startschuss für ein Gespräch, für mündliches Feedback oder eine Diskussion, in der man den Menschen näher unter die Lupe nimmt. Sie ist eine sinnvolle Ergänzung zu persönlichen Gesprächen und individuellen Eindrücken und ein unterstützendes Hilfsinstrument bei der Einschätzung eines Kunden. Solange Sie sich der Tatsache bewusst bleiben, dass Typologien nicht die Landschaft „Mensch" selbst abbilden, sondern lediglich eine Landkarte, ein abstrahierendes Bild der Wirklichkeit darstellen, können sie durchaus nützlich sein.

Welche Typologien gibt es?

Es gibt zahlreiche Typologien, wie zum Beispiel das Struktogramm, das DISG-Persönlichkeitsmodell, den Myers Briggs Type Indicator (MBTI), Herman Dominance Inventory (HDI) und Insights. Zu den bewährten Erklärungsmodellen menschlichen Verhaltens gehört das Insights-Modell, dessen Wurzeln bei dem Psychologen Carl Gustav Jung liegen und sich auf Erkenntnisse von Jolande Jacobi und dem amerikanischen Psychologen William Moultion Marston stützt. Durch das Insights Management Development Instrument (MDI) können mittlerweile 60 individuelle Persönlichkeitsprofile erfasst werden. Die Verhaltensdiagnose beruht dabei auf einem Fragebogen, auf dem Eigenschaftswörter angekreuzt werden müssen und den man mithilfe eines Computerprogramms auswerten kann. Das Insights-Modell stellt für die Bereiche Mitarbeiterführung, Personalauswahl und Kommunikation eine relativ einfache Hilfe zur Verfügung und konnte seine Leistungsfähigkeit bereits unter Beweis stellen – deshalb möchte ich Ihnen das Insights-Modell nun als ein praxisorientiertes Beispiel vorstellen, wie Sie zu einer besseren Selbst- und Menschenkenntnis gelangen können. Dabei gilt: Durch ein Modell kann nicht die gesamte Persönlichkeit bestimmt werden – immerhin aber ein definierter Verhaltensausschnitt.

Unser Beispielmodell unterscheidet vier Grundtypen: Jedem Typ werden eine typische Motivationsstruktur sowie bestimmte Schwächen und Stärken zugeschrieben. Darüber hinaus wird jeder Typ assoziativ mit einer Farbe verbunden – die wir uns hier dazu im Geiste vorstellen müssen.

➤ Der *feuerrote Typ* ist dominant, extrovertiert und fordernd, er tritt entschlossen und willensstark auf und geht sehr sach- und zielgerichtet sowie ergebnisorientiert vor. Oft tritt er anderen Menschen gegenüber autoritär auf. Der risikofreudige Feuerrote ist voller Energie und findet seine Erfüllung in ständiger Aktivität und Handlungsbereitschaft.

➤ Der *sonnengelbe Typ* wird als initiativ, umgänglich und fröhlich, offen, überzeugend und redegewandt beschrieben. Er verfügt über eine positive Ausstrahlung und ist bemüht, mit anderen Menschen gute Beziehungen aufzubauen. Wie der feuerrote Typ ist er extrovertiert.

➤ Der *erdgrüne Typ* ist introvertiert veranlagt. Er kann als stetig, mitfühlend und geduldig bezeichnet werden und gilt als beständig und zuverlässig. Er ist besorgt um das Wohl seiner Mitmenschen, mit denen er eine spannungsfreie und kooperative

Beziehung aufbauen möchte. Er liebt die Sicherheit bietende Umgebung, in der er sich auskennt.

➤ Der *eisblaue Typ* ist gewissenhaft und geht besonnen und präzise vor. Deshalb hinterfragt er Informationen und überlegt sich eine Sache lieber einmal zu viel, als sich selbst den Vorwurf machen zu müssen, unüberlegt gehandelt zu haben. Er geht analytisch vor und ist introvertiert – daher wirkt er oft distanziert. Autoritäten gegenüber verhält er sich ablehnend.

Ist ein Charakterzug zu stark ausgeprägt, kann eine vermeintliche Stärke in eine Schwäche umschlagen: Die zielgerichtete Dominanz des Feuerroten etwa führt dazu, dass er seinem Gesprächspartner nicht richtig zuhört. Der sonnengelbe Typ hingegen wirkt durch seine offene und initiative Art auf andere Menschen oft aufdringlich. Der erdgrüne Typ hat Probleme, auf Veränderungen angemessen zu reagieren – er meidet sie lieber. Schließlich der eisblaue Typ: Er wirkt aufgrund seiner sorgfältigen Art oft penibel bis zur Kleinlichkeit.

Natürlich gibt es in der Realität zahlreiche Mischformen – kein Typ tritt in Reinkultur auf. Das gilt übrigens für alle Typologien. Zudem sollten Sie sich stets darüber im Klaren sein, dass die Beurteilung immer sehr vom Standpunkt des Beurteilenden abhängig ist – ein vereinfachendes Beispiel verdeutlicht dies: Mitarbeiter Gerd Hofmann gehört zum eisblauen Typ und ist sehr ordentlich und gewissenhaft. Mitarbeiterin Monika Hertz hingegen darf als Chaotin bezeichnet werden. Kollege Michael Hendrich steht – was seine Ordnungsliebe anbelangt – zwischen beiden. Wie nun beurteilen der ordentliche und gewissenhafte Mitarbeiter und die Chaotin ihren gemeinsamen Kollegen? Herr Hofmann bezeichnet Michael Hendrich als unordentlichen Menschen, während Monika Hertz ihn als Pedanten tituliert. Beide haben Recht – denn beide betrachten den Kollegen durch ihre jeweils subjektiv gefärbte Brille.

So nutzen Sie die Typologie für Ihre Kundenkontakte

Mit dem Insights-Modell ist es möglich, die eigenen Verhaltenspräferenzen und die der Gesprächspartner zu erkennen. Dazu möchte ich Ihnen nun zu jedem der vier Grundtypen Beispiele geben.

Sind Sie ein feuerroter Verkäufer?

Wenn Sie entschlossen und willensstark, handlungsfreudig und durchsetzungsfähig, zielorientiert und ehrgeizig sind, gehören Sie zum feuerroten Typ. Als selbstbewusster Macher wissen Sie ganz genau, was Sie wollen – ein „Nein" akzeptieren Sie nicht so schnell.

Allerdings: Ihre Zielstrebigkeit und Dominanz hat auch Schattenseiten: Geduldiges Zuhören gehört nicht zu Ihren Stärken, manchmal sind Sie blind für Alternativen. Mit Ihrem hochgradigen Expertenwissen, mit dem Sie gerne glänzen, und Ihrer natürlichen Autorität wirken Sie auf Kunden zuweilen einschüchternd. Und auch Kunden, die Wert auf eine menschlich-freundschaftliche Beziehung legen und dem Small Talk nicht abgeneigt sind, fällt der Umgang mit Ihnen schwer. Wer hingegen eine kompetente Beratung sucht und kein Problem damit hat, sich im Gespräch leiten zu lassen, ist bei Ihnen an der richtigen Adresse.

Sie sollten daher auf jeden Fall an Ihrer Fähigkeit arbeiten, aktiv zuzuhören und das Akquisitionsgespräch verstärkt durch Fragen zu leiten: Wer zuhört, erfährt mehr über den Kunden, als wenn er selbst Monologe hält. Da Sie oft als überrumpelnd, ja aggressiv wahrgenommen werden, sollten Sie lernen, sich zurückzunehmen, die Argumente anderer zu überdenken und auch einmal etwas aus einer anderen als der eigenen Perspektive zu sehen.

Stellen Sie nun fest, ob Sie ein feuerroter Typ sind:

➤ Problemkunden berate ich am liebsten – ich will zeigen, was ich kann.

➤ Ein Kundengespräch ohne Abschluss ist verlorene Zeit – das Ergebnis ist wichtig.

➤ Die Ziele meines Unternehmens sind auch meine Ziele.

➤ Wenn ich den Kunden „überfalle" und ein wenig einschüchtere, steigen meine Erfolgschancen.

➤ Ich bin der Experte und weiß daher in der Regel besser als der Kunde, was er benötigt.

➤ Wenn ein Kunde „Nein" sagt, laufe ich erst richtig zur Höchstform auf.

Wenn Sie fünf dieser Aussagen zustimmen, gehören Sie wahrscheinlich zum feuerroten Typ.

Wie Sie mit feuerroten Kunden umgehen

Wenn Sie auf feuerrote Kunden treffen, müssen Sie sich darauf gefasst machen, unterbrochen zu werden, Widerworte zu hören und streitlustig mit erfundenen Einwänden konfrontiert zu werden. Dieser Kunde versucht, wo immer möglich, Vorteile für sich herauszuschlagen, er kämpft um Rabatte und Gebührennachlässe. Wichtig ist: Lassen Sie Ihr Florett stecken und vermeiden Sie die direkte Konfrontation – diese Schlacht können Sie nur verlieren. Es ist zudem legitim, wenn der Kunde seinen Vorteil im Auge behält. Bleiben Sie im Gespräch mit dem feuerroten Kunden ruhig, gelassen und selbstsicher und stellen Sie den Produktnutzen und Sachargumente in den Vordergrund. Durch konkrete Tatsachen und Fakten lässt sich der Feuerrote überzeugen. Sammeln Sie bei der Vorbereitung des Gesprächs alle zur Verfügung stehenden Informationen und bereiten Sie sie kundenorientiert auf – zum Beispiel in einem Hand-out oder als Präsentationsunterlagen. Lassen Sie den Kunden reden – und unterbreiten Sie an geeigneter Stelle einen überraschenden Vorschlag, den der allzu zielgerichtete Kunde gar nicht ins Kalkül gezogen hat. Der Kunde muss merken, dass Sie ein Top-Fachmann auf Ihrem Gebiet sind.

Wie aber stellen Sie fest, ob Sie es mit einem feuerroten Kunden zu tun haben?

Der Kunde will die Gesprächsführung übernehmen und kontrollieren.

➤ Er fragt nicht, sondern pocht auf seine Meinung, die er mit Fakten belegt.
➤ Er übt Druck aus – manchmal bis zur Provokation.
➤ Er weiß selbstbewusst, was er will, und ist gut informiert.
➤ Persönliche Anmerkungen blockt er sofort ab, am Beziehungsaufbau ist er nicht interessiert.

Wenn Sie vier dieser Aussagen zustimmen, steht Ihnen ein „feuerroter" Kunde gegenüber.

Ihre Strategie: *Arbeiten Sie mit sachlichen Argumenten, bleiben Sie konkret, setzen Sie einen klaren Zeitrahmen, treffen Sie eindeutige Vereinbarungen.*

Sind Sie ein sonnengelber Verkäufer?

Sind Sie zumeist gut gelaunt und umgänglich, enthusiastisch und immer freundlich gegenüber Kollegen, Vorgesetzten – und Kunden? Können Sie aufgrund Ihrer Eloquenz und verbindlich-positiven Art schnell eine emotionale Beziehung zum Kunden herstellen? Dann gehören Sie zu dem sonnengelben Typus. Aber Achtung: Denn zu Ihren Stärken zählt zwar ein konzilianter Ton, Sie kommunizieren gerne und vermitteln den Eindruck, von einer Sache sehr viel zu verstehen. Doch da bei Ihnen die Produktkenntnisse nicht im Vordergrund stehen, glauben Sie oft, Aufträge vor allem über eine freundschaftliche Beziehung zum Kunden akquirieren zu können. Ihr Motto lautet: „Hauptsache, der Kunde mag mich. Dann kann ich ihn auch von meinen Produkten und Dienstleistungen überzeugen."

Achten Sie daher darauf, im Kundengespräch den Kundennutzen und die Darstellung der Produktvorteile nicht zu vernachlässigen. Bei der Einwandbehandlung neigt der Sonnengelbe dazu, Konflikten und schwierigen Gesprächssituationen auszuweichen – er lässt es gerne „menscheln". Und das ist auch in Ordnung, solange Sie dabei nicht die Grenze zur Aufdringlichkeit überschreiten. Denn dadurch würden Sie die Kunden verschrecken, die eher Wert auf Fakten legen und für die Gefühle und der Beziehungsaufbau zweitrangig sind.

Stellen Sie nun fest, ob Sie ein sonnengelber Typ sind:

➤ Wenn ich mit dem Kunden eine gute zwischenmenschliche Beziehung aufbaue, habe ich gute Chancen, zum Abschluss zu gelangen.

➤ In der Eröffnungsphase des Kundengesprächs komme ich nicht gleich zum Geschäftlichen, sondern mache lieber erst Small Talk.

➤ Es ist wichtiger, zum Kunden ein Vertrauensverhältnis aufzubauen, als über das Produkt zu informieren.

➤ Ich leite den Kunden nicht zum Abschluss – er muss allein entscheiden.

➤ Der Kunde schließt ab, wenn er mich mag.

Wenn vier dieser Aussagen auf Sie zutreffen, gehören Sie wahrscheinlich zum sonnengelben Typ.

Wie Sie mit sonnengelben Kunden umgehen

Was müssen Sie beachten, wenn Sie es mit einem sonnengelben Kunden zu tun haben? Sie erkennen ihn daran, dass der Kunde vor Konfrontationen zurückschreckt, mit Ihnen ein Einverständnis erzielen möchte und Ihnen daher oft zustimmt und Sie in Ihren Äußerungen bestätigt. Die angemessene Strategie im Umgang besteht darin, offen auf ihn zuzugehen – wobei sich diese Offenheit gleichzeitig in Ihrer Körpersprache ausdrücken sollte –, ihn auf der emotionalen Ebene anzusprechen und in die eigene Argumentation einzubeziehen, etwa durch Sätze wie: „Was halten Sie denn davon ...?" oder: „Was sagt Ihr Bauchgefühl zu dieser Anlage?" Aber Vorsicht: Der Charakter des Sonnengelben und seine Abneigung, auch einmal „Nein" zu sagen, darf Sie nicht dazu verleiten, Situation und Verhaltenspräferenz dieses Kunden auszunutzen: Wenn der sonnengelbe Kunde der Meinung ist, sein Gegenüber beschneide ihn in seinen Einflussmöglichkeiten, schaltet er schnell auf stur und wird rechthaberisch. Unternehmen Sie daher alles, womit Sie sich das Vertrauen des sonnengelben Kunden erwerben können – und rechtfertigen Sie dieses Vertrauen dann auch.

Stellen Sie bitte fest, ob Sie es mit einem sonnengelben Kunden zu tun haben – wie verhält sich Ihr Kunde?

➤ Der Kunde stellt mir persönliche Fragen und kommt erst spät auf Produkte und Dienstleistungen zu sprechen.
➤ Er ist an Detailinformationen nicht interessiert.
➤ Bei kritischen Gesprächsinhalten reagiert er ausweichend.
➤ Der Kunde stimmt mir schnell zu und bringt keine Gegenargumente vor.
➤ Er gibt durch Mimik und Gestik zu verstehen, dass er mir zustimmt.

Wenn Sie vier Aussagen zustimmen, steht Ihnen ein „sonnengelber" Kunde gegenüber.

Ihre Strategie: *Gehen Sie offen auf ihn zu und bauen Sie eine persönliche Beziehung auf.*

Sind Sie ein erdgrüner Verkäufer?

Als erdgrüner Verkäufer gehören Sie zum bodenständigen Typ, der dem Kunden gegenüber partnerschaftlich und loyal auftritt, ihn sachlich und detailliert informiert. Sie versuchen sich in ihn hineinzuversetzen, sind die Zuverlässigkeit in Person und ein anerkannter Beziehungsmanager und beliebter Kollege. Unermüdlich arbeiten Sie an Strategien und Methoden, mit denen Sie den Bedarf des Kunden erkennen können.

Doch Ihre Stärken sind zugleich die Ursachen für Ihre Schwächen: Im Verkaufsgespräch sind Sie zu zurückhaltend, Sie überlassen dem Kunden die Initiative und legen wenig Entscheidungsfreude an den Tag. Durch das Festhalten am Bestehenden, Ihre Angst vor Veränderungen und Ihr stark ausgeprägtes Sicherheitsbedürfnis verpassen Sie oft Akquisitionschancen. Denn Sie glauben, die Entscheidung und die Einwände des Kunden sowieso nicht steuern oder entkräften zu können. Wenn Sie auf einen introvertierten Kunden treffen, der sich im Unklaren ist, ob und was er kaufen soll, droht das Gespräch im Sande zu verlaufen. Und bei einem dominanten Kunden gehen Sie den unteren Weg.

Was sollten Sie also ändern? Zum einen sollten Sie im Kundengespräch aktiver vorgehen, also mehr agieren als reagieren. Viele Kunden haben keine konkreten Vorstellungen und wollen beraten und gelenkt werden. Zum anderen würde Ihnen etwas mehr Begeisterung und Enthusiasmus bei Ihren Präsentationen gut anstehen. Durch ein größeres Selbstvertrauen und mehr Vertrauen in Ihre Nutzenargumente gewinnen Sie an Überzeugungskraft.

Fragen Sie sich also, ob Sie ein erdgrüner Typ sind:

➤ Wenn mir ein Kunde gegenüber tritt, weiß er genau, was er will. Meine Einflussnahme ist daher zwecklos.

➤ Wichtig ist, dass ich dem Kunden zuhöre und er mir vertraut.

➤ Erfolg habe ich, wenn ich mich an einen Gesprächsleitfaden halte und auf keinen Fall davon abweiche.

➤ Konflikte vermeide ich – Harmonie liegt mir mehr am Herzen als der konträre Austausch von Argumenten.

➤ Seriöses und zurückhaltendes Verhalten und die Darstellung von Fakten sind wichtiger, als im Kunden das Feuer der Begeisterung zu wecken.

➤ Ehrlichkeit im Kundengespräch ist mein höchstes Gut und das Pfund, mit dem ich wuchern kann.

Wenn fünf dieser Aussagen auf Sie zutreffen, gehören Sie wahrscheinlich zum erdgrünen Typ.

Wie Sie mit erdgrünen Kunden umgehen

Der erdgrüne Kunde ist im Gespräch freundlich und höflich, aber sehr zurückhaltend. Er stellt zwar viele Fragen – angesichts seiner Zurückhaltung bei konkreten Entscheidungen ist es allerdings schwierig zu erkennen, was er eigentlich will. Durch Ihr konsequentes Auftreten wäre eine Lenkung des Kunden leicht möglich – Sie dürfen dies aber nicht ausnutzen. Denn der erdgrüne Kunde zieht sich dann in sein Schneckenhaus zurück und reagiert auf Ihre Argumente noch verhaltener. Am ehesten können Sie ihn durch Fakten überzeugen und durch die Zusage, er könne in Ruhe eine Entscheidung treffen.

Auf keinen Fall dürfen Sie ihn unter Zugzwang setzen; finden Sie in der Kommunikation den goldenen Mittelweg zwischen einer Vorgehensweise, die dem Kunden Spielraum lässt für eine eigenständige Entscheidung, und der behutsamen Steuerung. Dies gilt vor allem für die Abschlussphase des Gesprächs. Arbeiten Sie mit einer Checkliste, durch die Sie Punkt für Punkt das Einverständnis des erdgrünen Kunden einholen können.

Folgende Fragen helfen Ihnen festzustellen, ob Sie es mit einem erdgrünen Kunden zu tun haben:

➤ Überlässt mir der Kunde die Gesprächsführung und stellt wenige, dann aber vor allem persönliche Fragen?

➤ Akzeptiert er das, was ich äußere, anscheinend fraglos?

➤ Drückt seine Körpersprache Unsicherheit und Entschlussschwäche aus?

➤ Ist er risikoscheu und auf Sicherheit bedacht?

➤ Schreckt der Kunde zurück, wenn es um Entscheidungen geht?

Wenn Sie vier Fragen mit „Ja" beantworten, steht Ihnen ein erdgrüner Kunde gegenüber.

Ihre Strategie: Liefern Sie ihm Fakten, lassen Sie ihm Zeit für die Entscheidung – so bauen Sie ein Vertrauensverhältnis auf.

Sind Sie ein eisblauer Verkäufer?

Gehören Besonnenheit, Gewissenhaftigkeit und Präzision zu Ihren Eigenschaften? Dann sind Sie der sach- und aufgabenorientierte Beratertyp, der dem Motto folgt: „Erst nachdenken, prüfen und nochmals prüfen – und dann handeln." Sie sind ein eisblauer Typ. Bevor Sie dem Kunden zu etwas raten, haben Sie die Sache gründlich durchdacht, alle verfügbaren Informationen eingeholt, das Für und Wider sorgfältig abgewogen. Aber: Kundenbeziehungen leben auch davon, dass zwischen dem Kunden und Ihnen ein Vertrauensverhältnis entsteht, und damit hat der introvertierte Eisblaue häufig Schwierigkeiten. Hinzu kommt: Ihre Detailverliebtheit kann zur Entscheidungsschwäche führen, Ihre Furcht, eine Fehlentscheidung zu treffen, zu mangelnder Handlungsorientierung: So ist der Eisblaue häufig ein guter Berater, aber nicht immer ein erfolgreicher Verkäufer.

Wenn Sie sich dem eisblauen Typ zurechnen, sollten Sie beachten, dass Sie das Kundengespräch nicht nur sorgfältig vorbereiten, sondern auch kommunikative Kompetenz erwerben. Verlassen Sie sich nicht nur auf die faktengesättigte Analyse. Lernen Sie, neben dem Produktnutzen den konkreten Kundennutzen darzustellen, etwa indem Sie trainieren, sich in den Kunden hineinzuversetzen.

Analysieren Sie, ob Sie zu den Eisblauen gehören.

➤ Kunden wollen über den Verstand angesprochen werden.
➤ Bei Geschäften zählen ausschließlich Fakten, Fakten, Fakten – Gefühle spielen keine Rolle.
➤ Wer Visionen hat, muss zum Arzt gehen.
➤ Ich habe Erfolg, wenn ich alles über das Produkt weiß und jede Kundenfrage korrekt beantworten kann.
➤ Einwänden begegne ich am besten, wenn ich sie nach dem Gespräch schriftlich widerlege.
➤ Zeit ist für den Kunden Geld – also belästige ich ihn nicht mit persönlichen Fragen

Wenn Sie fünf dieser Aussagen zustimmen, gehören Sie wahrscheinlich zum eisblauen Typ.

Wie Sie mit eisblauen Kunden umgehen

Den eisblauen Kunden erkennen Sie an seinem förmlich-distanzierten Auftreten, er behält sich bei der Entscheidungsfindung Bedenkzeit vor und fragt oft nach. Die Gesprächsführung überlässt er Ihnen, er weist darauf hin, dass er auch Konkurrenzangebote einholen wird. Investieren Sie darum viel Zeit in die Gesprächsvorbereitung, arbeiten Sie mit logisch aufgebauten Argumenten sowie mit Strichaufzählungen: „Geehrter Kunde, für dieses Produkt sprechen drei Punkte: Erstens ..." Visualisieren Sie Ihre Informationen – etwa an der Pinnwand oder auf einem Blatt Papier. Überzeugend wirkt es, wenn Sie einige Konkurrenzangebote kennen und sie in Ihre Argumentationskette einfließen lassen: „Der Wettbewerber ist zwar preislich günstiger, wir bieten Ihnen dafür aber eine bessere Betreuung, zum Beispiel ..."

Geben Sie dem eisblauen Kunden am Ende des Gesprächs umfangreiche schriftliche Informationen mit nach Hause und betonen Sie, dass Sie ihm bei der Entscheidungsfindung jederzeit behilflich sein wollen.

Folgende Fragen helfen, den eisblauen Kunden zu erkennen:

➤ Kommt der Kunde gleich auf den Punkt und vermeidet jeden Small Talk?
➤ Fragt er, ob Aussagen belegt werden können – möglichst schriftlich (etwa Beispielrechnungen, Gutachten)?
➤ Ist er vor allem an Details, Zahlen und Fakten interessiert?
➤ Schreibt er mit und stellt er viele Zwischenfragen?
➤ Betont er, die zur Verfügung stehende Gesprächszeit optimal nutzen zu wollen?

Wenn Sie vier Fragen mit „Ja" beantworten, steht Ihnen ein eisblauer Kunde gegenüber.

Ihre Strategie: Bauen Sie die Gesprächsführung logisch und sachlich auf, überzeugen Sie durch zielgerichtete Informationen.

Zum Abschluss dieses Kapitels möchte ich Ihnen die Typen in einer Tabelle zusammenfassend präsentieren:

	Merkmale	Stärken	Schwächen	Typisches Verhalten/ Verkäufer	Typisches Verhalten/ Kunde
Sonnengelb	Initiativ, fröhlich, aufmunternd, offen, enthusiastisch, begeistert, beziehungs-/menschenorientiert, extrovertiert	Generalist, der zwischenmenschliche Beziehung aufbauen will, große Ausstrahlung, positive Grundhaltung	Arbeitet ineffektiv, redet und verspricht zuviel, kann nicht „nein" sagen, wirkt durch Redefluss aufdringlich, oberflächlich	Macht sich beim Kunden beliebt und versucht, zu einem freundschaftlichen Verhältnis zu gelangen. Informiert daher zu wenig	Stimmt schnell zu, sucht Kompromiss, vermeidet Konfrontation, zieht sich zurück, wenn gleiche Wellenlänge mit Verkäufer nicht zustande kommt
Eisblau	Gewissenhaft, vorsichtig, präzise, hinterfragend, sach-/aufgabenorientiert, introvertiert	Maxime: „Erst nachdenken, dann handeln", strukturiertes und logisches Vorgehen, sammelt Informationen	wirkt ablehnend, analysiert zu viel, zu detailversessen und daher zu wenig handlungsorientiert	Setzt auf ausführliche Information, bereitet sich sehr gut vor und geht nutzenorientiert vor, legt keinen Wert auf persönliche Kundenbeziehung	Verlangt schriftliche und präzise Hintergrundinformationen, förmliches Vorgehen, überlässt Verkäufer die Gesprächsführung
Feuerrot	Dominant, fordernd, zielgerichtet, sach-/aufgabenorientiert, willensstark, extrovertiert	Sehr ziel- und praxisorientiert, ehrgeizig, erledigt Aufgaben unabhängig, starke Kontrollhaltung	Blind für Alternativen, überrumpelt Gegenüber, hört zu wenig zu und findet keinen Zugang zum Gesprächspartner	Geht sehr entschlossen vor und akzeptiert kein „Nein" des Kunden. Kämpft um den Abschluss mit allen verfügbaren Mitteln	Benötigt zur Entscheidung Fakten, Zahlen und konkrete Informationen, will Rabatt, übernimmt Gesprächsführung
Erdgrün	Stetig, achtsam, mitfühlend, ermutigend, zuverlässig, beziehungs-/menschenorientiert, introvertiert	Beständig und zuverlässig, partnerschaftlich und kooperativ, hohe Loyalität, kann sich in andere Menschen hineinversetzen	Kommt mit Veränderungen nicht klar, ohne Risikobereitschaft, Sturheit, hält am Status quo fest, nimmt Chancen nicht wahr	Überlässt dem Kunden Initiative und Entscheidung, reagiert statt zu agieren. Liefert Informationen auf der Beziehungsebene	Stellt persönliche Fragen, beeinflusst Gespräch kaum und akzeptiert Verkäufermeinung schnell, humorlos

Insights-Modell: die vier Grundtypen im Überblick

Quelle: nach Frank M. Scheelen, Scheelen-Institut, Waldshut-Tiengen.

Fazit und: Was Sie jetzt sofort tun sollten
• Stellen Sie zunächst fest, zu welchem Typ Sie gehören oder tendieren. • Wählen Sie aus Ihrem Kundenstamm jeweils einen aus, der zu einem der Typen gehört. • Wenden Sie bei diesen vier Kundentypen Ihr neues Wissen an. Legen Sie sich die jeweils entsprechende Strategie zurecht. • Und: Sind Sie erfolgreich(er)?

Ihre Selbst- und Menschenkenntnis wird Ihnen helfen, die im zweiten Teil dieses Buches vorgestellten operativen Akquisitionsinstrumente kundenorientiert und individuell einzusetzen.

Teil 2: Kreative und innovative Akquisitionswege zur Erreichung von KAP

Was möchte ich Ihnen im zweiten Teil dieses Buches *nicht* zeigen? Es geht mir nicht darum, Ihnen zum x-ten Mal zu zeigen, wie Sie ein Mailing so aufbauen, dass es die Aufmerksamkeit des Kunden erregt. Es geht mir nicht darum, Ihnen noch einmal zu sagen, dass Sie in einem Werbebrief eine bildhafte Sprache verwenden und im Post Skriptum das Wichtigste wiederholen sollen. Es geht mir nicht darum, Sie darüber zu informieren, wie Sie einen Prospekt auf Ihre Zielgruppe punktgenau zuspitzen. Das alles ist notwenig, aber vielfach beschrieben. Mir geht es darum, Ihnen innovativ-kreative Ideen zu bieten, wie Sie mit Ihren Akquisitionsaktivitäten von heute möglichst rasch oder gar sofort Kunden gewinnen und Umsatz generieren. Eben: „Heute akquirieren – sofort profitieren".

11. Wie Sie sofort zu mehr Umsatz kommen – eine Ideenliste mit Sofortmaßnahme

Erfolgreiche Vertriebsorganisationen und Unternehmen haben in der Regel eines gemeinsam: Sie verlassen herkömmliche Wege, sind offen für neue Denkweisen und produzieren innovative Ideen am laufenden Band. Es herrscht eine Atmosphäre voller Spaß und Freude an der Entdeckung des Unbekannten. Geschäftsführung und Vertriebsführungskräfte lassen ihren Verkäufern den Spielraum, ihre Kreativität bei der Akquisition von Neukunden und der Betreuung von Stammkunden zu entfalten, ja sie fördern diese, indem sie die dafür erforderlichen Rahmenbedingungen schaffen. Bitte fragen auch Sie sich: „Bin ich willens, bekannte Dinge ins Ungewöhnliche zu verfremden, die Trampelpfade, auf denen sich alle aufhalten, zu verlassen, und mich auf bislang unentdeckte Seitenpfade zu begeben? Denn dort bin ich ungestört und werde umfangreiches Material für kreative Ideen finden, wie ich neue Kunden gewinne und bestehenden noch mehr Nutzen biete."

Vielleicht sind Sie schon gespannt, ob ich meinen Worten tatsächlich Taten folgen lassen kann. Und darum möchte ich den zweiten Teil dieses Buches gleich mit der Beschreibung einiger Sofortmaßnahmen beginnen, die zu Mehrumsatz führen. Hinzu kommt: Vielleicht will Ihre Unternehmensleitung kurzfristig bessere Zahlen sehen – oder die Erfolgsquote des eigenen Teams ist unerwartet eingebrochen. In solchen Situationen brauchen Sie Sofortmaßnahmen, mit denen Sie kurzfristig den Erfolg steigern. Hier eine Ideenliste für Sie:

Idee 1: Schnippelmarketing – die Idee mit der Schere

Als Akquisiteur müssen Sie Ihre Kunden immer wieder mit neuen Ideen überraschen. Hier ist eine ausgefallene und viel versprechende Idee, die sich besonders dann eignet, wenn Sie für Firmenkunden arbeiten. Wenn Sie diese Strategie ausprobieren wollen, gehören die folgenden Utensilien auf Ihren Tisch: Zeitung – Schere – Kleber – Papier – Kuli – Umschläge – Briefmarken.

Wenn alles bereitliegt, können Sie in kurzer Zeit und erstaunlich günstig Akquisitionserfolge erzielen – wenn Sie der Anleitung von

Günter Bittner folgen, dem Erfinder des „Schnippel-Marketings".
Sein Erfolgsrezept: Lesen Sie die Zeitung aufmerksam, „schnippeln" Sie alle Meldungen aus, in denen Unternehmen oder Personen vorkommen, die für Sie als Kunden in Frage kommen könnten. Kleben Sie die Zeitungsmeldung auf einen Briefbogen. Schreiben Sie einen Kommentar dazu, und schicken Sie den Brief an die betreffende Person oder an das Unternehmen.

Beispiel: Ein örtliches Unternehmen, das für Sie als Kunde interessant sein könnte, feiert die Inbetriebnahme eines Erweiterungsbaus. In der Lokalzeitung wird darüber berichtet. Sie schneiden den Artikel heraus, kleben ihn auf einen Briefbogen und senden ihn per Fax oder auf dem Postweg an den Geschäftsführer des Unternehmens – mit einem herzlichen Glückwunsch zum neuen Gebäude.

Bittner hat mit dieser Methode sein Büro-Einrichtungshaus in Augsburg groß gemacht – sie lässt sich aber bestens für beinahe alle Branchen einsetzen. Er selbst sammelte gezielt Informationen über Unternehmen und Behörden aus allen Zeitungen und Zeitschriften, die er in die Finger bekam. In der Tageszeitung stand beispielsweise, dass eine ortsansässige Brauerei ihr 25-jähriges Jubiläum feierte. Den Ausschnitt klebte Bittner auf seinen Briefbogen – dazu schrieb er seinen Glückwunsch und eine einfache Frage: Ob er den erfolgreichen Firmenauftritt der Brauerei in den nächsten 25 Jahren durch neue Büromöbel unterstützen könne. Drei Tage später rief Bittner an und bekam sofort einen Termin beim Brauerei-Chef, der von dem ausgefallenen Brief begeistert war. Der Erfolg: Bittner bekam den Auftrag, die gesamte Chefetage neu einzurichten.

Die Erfahrung hat gezeigt: Wenn Sie zehn solcher Briefe verschicken, bekommen Sie mindestens fünf spontane Rückmeldungen. Und wenn Sie von den Angeschriebenen nichts hören: Rufen Sie ein paar Tage, nachdem Sie den Brief abgeschickt haben, an: 95 Prozent der Angeschriebenen erinnern sich an den Brief. So haben Sie mit minimalem Aufwand einen neuen Kontakt geschaffen!

Die Methode lässt sich vielfältig variieren: So ist sie nicht nur auf lokale Unternehmen beschränkt. Sie können auch die überregionale Fachpresse Ihrer Branche gezielt auswerten und Artikel zusammen mit Ihren Grüßen versenden. Oder Sie nutzen eine Variante zur Pflege vorhandener Kunden: Immer wenn Sie in der Zeitung oder in der Fachpresse auf einen Artikel stoßen, der für einen Ihrer

Kunden interessant sein könnte, dann schneiden Sie ihn aus und senden ihn mit einem Gruß an den Kunden.

Idee 2: Mit Referenzen und Beweisen zögerliche Kunden gewinnen

Wenn bei der Akquisition die Erfolgsquote plötzlich zurückgegangen ist, dann heißt das: Sie haben besonders viele zögerliche Kunden, die unentschlossen waren und dann den letzten Schritt nicht getan haben. Mit schlagkräftigen Beweisen und Referenzen können Sie hier oft den entscheidenden Anstoß geben: Sammeln Sie alle Referenz- und Dankesbriefe und Erfolgsstorys, die sich um Ihr Produkt ranken. Bitten Sie Ihre zufriedenen Kunden, Ihnen Referenzschreiben zu senden – Sie können anbieten, den Text vorzuformulieren. Stellen Sie sich also ein Paket mit den besten Referenzen zusammen – zum Hervorziehen genau in dem Moment, wenn der Kunde kurz vor Abschluss droht, einen Rückzieher zu machen.

Idee 3: Sich nur auf die besten Kunden konzentrieren

Wenn Sie eine solche Statistik noch nicht haben: Spätestens jetzt ist der Zeitpunkt gekommen, die 20/80-Prozent-Liste Ihrer Kunden zu erstellen. Ermitteln Sie die 20 Prozent Ihrer Kunden, die für den meisten Umsatz sorgen – also das beste Fünftel all Ihrer Kunden. Konzentrieren Sie Ihre Sofortmaßnahmen auf diese Kundengruppe. Welches genau auf sie zugeschnittene Angebot können Sie machen? Welche Vorteile können Sie bieten? Eine Sofortmaßnahme könnte zum Beispiel sein: Analysieren Sie diesen Kreis der zufriedenen Kunden nach Cross-Selling-Möglichkeiten. Welche Zusatzprodukte bzw. -dienstleistungen können Sie jedem einzelnen Kunden anbieten, die er bisher noch nicht nutzt? Sie können den besten Ihrer Kunden in dieser Situation auch zusätzlich ein Geschenk machen. Am besten kommt es an, wenn es ein individuelles Geschenk für das Hobby des Kunden ist. So haben Sie einen guten Aufhänger für den Anruf und einen Termin.

Idee 4: Verkaufsaktive Zeit erhöhen

Verbringen Sie möglichst viel Zeit mit dem aktiven Verkauf? Nein? Oder Sie glauben, noch nicht genügend? Dann lautet die Sofortmaßnahme: Unwichtige Termine absagen und telefonisch erledigen, organisatorische Aufgaben delegieren, Reisepläne optimieren, damit Sie mehr Zeit im aktiven Verkauf bei Erfolg versprechenden Kunden verbringen!

Idee 5: Neue Gesprächsstrategie ausprobieren

Wenn Ihre Erfolgsquote nicht mehr stimmt, kann es unter Umständen daran liegen, dass die bisherige Nutzenargumentation für Ihr Produkt nicht mehr zeitgemäß ist. Prüfen Sie deshalb, ob Sie die Argumentationskette im Verkaufsgespräch auf die heutigen Bedürfnisse, Wünsche und Ziele Ihrer Kunden anpassen müssen, um Ihre Erfolgsquote wieder zu verbessern. Überdenken Sie Ihre Gesprächsstrategie und formulieren Sie einige wichtige Fragen, die auf jeden Fall in Ihrem Gesprächsleitfaden integriert sein sollten. Bewährt hat sich der folgende dreiteilige Frageschlüssel:

➤ *„Was erwarten Sie von ...?"*: Bei dieser *Zielfrage* erfahren Sie, welche Vorstellung der Kunde hat.

➤ *„Was bedeutet für Sie ...?"* Die Kundenantwort auf diese *Verständnisfrage* liefert Ihnen das konkrete Bild, das dem Kunden vor Augen schwebt.

➤ *„Was ist an ... für Sie wichtig?"* Die *Wertfrage* führt Sie direkt zum Kaufmotiv des Kunden, zu dem Grund, der ihn zum Kauf bewegt.

Halten Sie sich an diese Fragen, so wecken Sie beim Kunden den Wunsch, ein Problem zu lösen – selbstverständlich mit Ihrer Hilfe.

Idee 6: Selbstmotivation durch EPAs

Stellen Sie eine Liste mit „Ertragsproduzierenden Aktivitäten" (EPAs) auf, von denen Sie möglichst jeden Tag zwei bis drei Aktivitäten abarbeiten. Bei den EPAs muss es sich um Verkaufs- und Akquisitionsaktivitäten handeln, die mit hoher Wahrscheinlichkeit einen Ertrag garantieren. Dazu zählt etwa das Verfassen von Angeboten für Stammkunden, in denen Sie den individuellen Nutzen eines Produkts oder einer Dienstleistung für den Kunden beschreiben. Zudem können Sie einem Kunden, der kurz vor dem Abschluss steht, ein Argument bieten, das zur Kaufentscheidung führt. Zu

Neukunden, die Ihnen ein zufriedener Kunde vermittelt hat, nehmen Sie per Telefon den ersten Kontakt auf – und zwar sofort.

Spätestens dann, wenn ein EPA abgearbeitet worden ist, füllen Sie die Liste mit neuen EPAs auf. Die Liste stellt zudem eine „Notfallplanung" dar: Durch die Fokussierung auf „Ertragsproduzierende Aktivitäten" können Sie auch an „schlechten Tagen", an denen gar nichts klappen möchte, Umsatz generieren. Angenehmer Nebeneffekt: Sie arbeiten aktiv an Ihrer Motivation.

Fazit und: Was Sie jetzt sofort tun sollten

Sie haben soeben von sechs Sofortmaßnahmen erfahren, die zu Mehrumsatz führen. Setzen Sie noch diese Woche mindestens drei davon um: Nehmen Sie sich den Lokalteil Ihrer Zeitung vor und betreiben Sie „Schnippelmarketing". Erhöhen Sie Ihre verkaufsaktive Zeit. Welche EPAs können Sie nutzen? Oder stellen Sie eine Referenzliste zusammen, am besten gemeinsam mit dem Innendienst.

Die KAP-Formel bewährt sich vor allem bei der Neukundenakquisition. Diese wird zumeist als mühsames Geschäft empfunden. Notwendig sind die kontinuierliche Ansprache und der kreative Zugang zum potenziellen Kunden. Wichtig: Sprechen Sie Ihre Kunden so an, wie es sonst niemand wagt.

12. Wie Sie neue Kunden mit einer innovativen Ansprache gewinnen

Im persönlichen Kontakt andere Menschen zu gewinnen – das trainieren Sie täglich im Verkauf. Doch was tun, wenn der Kunde partout keinen Termin will und von Ihnen erst einmal schriftliche Informationen oder ein Angebot haben möchte? In dieser Situation, die heute angesichts wachsenden Leistungsdrucks in den Unternehmen immer häufiger anzutreffen ist, ist Ihre Kreativität gefragt. Die Herausforderung lautet: Bauen Sie eine Beziehung zum Neukunden auf, bevor Sie ihm zum ersten Mal persönlich begegnen. Unmöglich? Ich meine: Es geht! Durch kleine Geschenke und sympathische Ideen für die Übermittlung Ihrer Informationen und Angebote haben Sie die einmalige Chance, ein Lächeln auf das Gesicht Ihres Neukunden zu zaubern. Damit heben Sie sich auf angenehme Weise von Ihren Konkurrenten ab, die nur nüchterne Fakten und Zahlen zusammen mit bunten Broschüren versenden. Oder anders ausgedrückt: Sie sind auf positive Weise anders als die anderen!

So gehen Sie neue strategische Wege beim Erstkontakt

Seit Geiz geil geworden ist, feilschen beinahe alle Kunden bis auf den letzten (Bluts-)Tropfen. Seit das Internet zum Massenmedium geworden ist, sind die Kunden stets bestens informiert und kennen das Angebot jedes Konkurrenten. Seit es immer mehr Billig-Konkurrenten gibt, holen sich die Kunden die Beratung bei Ihnen und kaufen dann beim Billigheimer ...

Der Kunde ist heute einfach nicht mehr das, was er noch vor wenigen Jahren war. Der neue Kunde ist selbstbewusst bis hin zur Überheblichkeit. Dabei sprunghaft und ständig auf der Suche nach dem noch günstigeren Preis. Er ist kritisch, gut informiert und so anspruchsvoll wie noch nie. Doch was heißt das für Sie? Klagen oder jammern hilft nicht – der neue Kunde ist da, und niemand wird ihn umerziehen können. Doch, es gibt etwas, was Sie tun können: Stellen Sie Ihre Techniken der Kontaktaufnahme, des Beziehungsaufbaus und der Gesprächsführung in Frage! Können diese Techniken beim neuen Kunden überhaupt noch funktionieren? Seien Sie mutig und werfen Sie einen Teil der alten Verkäuferweisheiten über Bord – die meisten stammen aus dem vergangenen Jahrhundert.

Probieren Sie dafür neue Strategien aus, die auf die Erwartungen, die Gefühlslage und die Eigenheiten des neuen Kunden zugeschnitten sind. Dann – und nur dann – bleiben Sie im neuen Jahrhundert erfolgreich.

Legen Sie Ihren Schwerpunkt auf den Vorverkauf

Wenn (noch) keine Beziehung zum Kunden besteht, dann hat der Kunde freie Bahn für eine harte Verhandlung, in der es nur um den Preis geht. Doch wie eine Beziehung zu einem Kunden aufbauen, dem Sie zum ersten Mal begegnen? Die entscheidende Strategie: Legen Sie Ihren Schwerpunkt auf den Vorverkauf – also auf die Phase vor dem eigentlichen Termin und Kundengespräch. Ihr Ziel: Der Kunde muss schon vor dem Gespräch das Gefühl haben, dass Sie etwas für ihn tun, dass Sie sich um ihn bemühen und dass ein Treffen mit Ihnen etwas Angenehmes oder Wichtiges ist. Nur so haben Sie die Chance, die Frage des Preises und die Feilscherei aus dem Zentrum des Erstkontakts wegzubekommen.

Bauen Sie also eine *Vor-Beziehung* auf: Damit sind alle Aktivitäten gemeint, die Sie vor der ersten persönlichen Begegnung einsetzen, um Ihre Kompetenz bei dem Kunden unter Beweis zu stellen. Dazu können Sie eine ganze Reihe von kleinen Vorverkaufsmaßnahmen in Ihr Repertoire aufnehmen, mit denen Sie jedes Treffen mit neuen – und auch vorhandenen – Kunden vorbereiten. Dazu einige Beispiele:

➤ Rufen Sie kurz vor jedem Treffen noch einmal beim Kunden an, auch wenn der Termin schon fest abgemacht ist.

➤ Übertreffen Sie übliche Kundenerwartungen schon vor dem ersten Treffen: Wünscht der Kunde ein Vorab-Angebot innerhalb einer Woche, senden Sie ihm eine Idee für sein Unternehmen innerhalb eines Tages. Wünscht der Kunde Informationen zu einem bestimmten Produkt bis zum nächsten Tag, senden Sie die Infos innerhalb einer Stunde per Mail.

➤ Investieren Sie mehr Zeit in die Vorbereitung eines Kundengesprächs: Kommen Sie nicht nur mit einem Angebot zum Kunden, wenn er das wünscht, sondern liefern Sie dem Kunden eine Idee für die Lösung eines Problems. Kündigen Sie vor dem Treffen an, dass Sie einige Ideen und Vorschläge mitbringen, die über Ihr Produkt oder Ihre Dienstleistung hinausgehen.

Ob Ihr Vorverkauf gut genug ist, sehen Sie übrigens schon auf den ersten Blick: Kommen Sie beim Treffen mit dem Kunden in einen Raum, in dem Getränke und vielleicht ein paar Kekse bereitstehen, dann hat es funktioniert: Sie werden wie ein Geschäftspartner erwartet. Ist dagegen gar nichts für Sie vorbereitet, dann war Ihr Vorverkauf noch nicht genug!

Der neue Kunde lässt sich nicht in Verkaufsphasen stecken – lösen Sie sich vom Phasendenken!

Herkömmliche Verkaufsseminare, deren Inhalte aus dem vergangenen Jahrhundert stammen, lehren es immer wieder: Der Verkauf verläuft in Phasen – von der Kontaktphase über Beziehungsaufbau, Einwandbehandlung usw. bis hin zur entscheidenden Abschlussphase. Lösen Sie sich von diesem Phasendenken! Der neue Kunde lässt sich nicht mehr in Phasen pressen. Der neue Kunde macht keine Abschlüsse. Das heißt für Sie: Sehen Sie den gesamten Verkaufsprozess als Abschlussphase. Streuen Sie von Anfang an Testabschlüsse in Ihre Gespräche mit dem Kunden. Damit lösen Sie eines der größten Probleme, die Verkäufer heute mit dem neuen Kunden haben.

Ein *Beispiel* zeigt, was gemeint ist: Sie befürchten (vielfach zu Recht!), dass der Kunde nur die fachliche Beratung von Ihnen bekommen will und später woanders billiger einkauft. Begegnen Sie dieser Herausforderung von Anfang an mit Testabschlussfragen wie: „Können Sie sich vorstellen, mit uns zusammenzuarbeiten?" Oder: „Mal angenommen, wir würden das so und so machen, was würden Sie davon halten?" Oder auch: „Kommt es Ihnen allein auf den günstigsten Preis an, oder ist es Ihnen auch wichtig, dass Sie immer einen Ansprechpartner haben?"

Entwickeln Sie mehrere solcher Testabschlussfragen für Ihre Verkaufssituationen.

Nutzen Sie den Umstand, dass auch Sie Kunde sind!

Als Verkäufer sind Sie konstant damit beschäftigt, gute Beziehungen zu möglichen neuen Kunden aufzubauen. Bedenken Sie, dass auch Sie Kunde sind – und machen Sie Unternehmen, bei denen Sie selbst Kunde sind, zu *Ihren Kunden*. Zum *Beispiel* so: Jedes Mal, wenn Sie sich über guten Service oder einen gut erfüllten Auftrag freuen, schicken Sie einen Dankeschön-Brief an das Unternehmen. Hier ein Vorschlag für den Text: „Vielen Dank für Ihre tolle Arbeit – vielleicht brauchen Sie einmal meinen Service, damit ich mich revanchieren kann."

Dankeschön-Briefe sind bei uns nicht alltäglich. Da ist die Freude in der Regel groß, wenn man in der Tagespost eine kleine Anerkennung findet – und wenn es auch nur ein solches kleines Dankeschön ist. So bleiben Sie – zum Preis einer Briefmarke und einiger weniger Minuten Zeit – angenehm in Erinnerung. Übrigens: Die Notiz können Sie auch von Hand schreiben. Dann wirkt es noch persönlicher und sieht weniger nach Werbung aus.

Turbo-Tipp: So nehmen Sie top-informierten Besserwissern den Wind aus den Segeln

Immer häufiger begegnen Sie heute dem top-informierten Kunden: Er hat tagelang im Internet recherchiert, kennt jeden Preis der Konkurrenz und weiß alles über die Vor- und Nachteile Ihres Angebots – lange bevor Sie den ersten Ton von sich gegeben haben. Begegnen Sie diesem Kundentyp mit einem freundlich verblüfften: „Da kann ich ja noch was von Ihnen lernen!" Wenn Sie nicht gerade an einen notorischen Besserwisser geraten sind, macht der Kunde hier einen Rückzieher und öffnet sich wieder für Sie und für das, was Sie sagen.

Kreative Ideen für den Erstkontakt

Wenn Sie das Gefühl haben, dass Sie beim Neugeschäft die ausgetretenen Pfade der klassischen Kontaktphase verlassen sollten, dann nutzen Sie bitte die folgenden Anregungen.

Ansprache per UPS und Fahrradkurier

Wollen Sie einen besonders hochkarätigen Kunden gewinnen, aber Sie kommen nicht zum entscheidenden Ansprechpartner durch? An der freundlichen, aber bestimmten Vorzimmerdame ist kein Vorbeikommen? Und auf Ihre Briefe gibt es keine Antwort? Dann ist hier eine außergewöhnliche Idee, um doch den Kontakt zu schaffen: Schicken Sie dem Entscheider Ihre Unterlagen per UPS oder Fahrradkurier. Den Empfang muss der Entscheider persönlich quittieren. Und das Paket wird er garantiert öffnen – denn auch Manager sind Menschen und deshalb neugierig auf den Inhalt von Paketen. Probieren Sie es einmal aus: Oft kommt sofort, nachdem das Paket angekommen ist, ein gutgelaunter Rückruf nach dem Motto: „Sind Sie der Verrückte, der mir seine Werbung mit UPS schickt?"

Auch für den Fall, dass der Neukunde in Ihrer Nähe vages Interesse zeigt, aber noch keinen Termin vereinbaren, sondern erst einmal schriftliche Informationen haben möchte, lässt sich die Kurier-Idee verwenden: Ordern Sie sofort einen Fahrradkurier und bringen Sie die gewünschten Informationen ohne Zeitverzögerung auf den Weg. Schon eine Stunde nach dem Telefonat hat der Kunde Ihr Info-Paket in den Händen – er wird verblüfft sein, wie schnell und zuverlässig Sie arbeiten. Schöner Nebeneffekt: Die Aufmerksamkeit für Ihr Info-Paket ist garantiert – schließlich muss es vom Kurier persönlich beim Empfänger abgegeben werden. Das verleiht Ihrem Paket zusätzliche Bedeutung.

Helfen Sie Ihren Kunden beim Schenken

Nutzen Sie die Tatsache, dass Ihre Kunden gerne Geschenke machen – an Freunde, Kollegen oder Geschäftspartner. Geben Sie Ihren Kunden deshalb Gutscheine, die diese wiederum an mögliche neue Kunden verschenken können. Entscheidend für Ihren Erfolg bei einer solchen Aktion: Der Gutschein muss tatsächlich einen Wert darstellen. Es funktioniert nicht, wenn der Finanzberater einen Gutschein „über eine kostenlose Vorsorgeberatung" ausgibt. Da wittert jeder, dass es sich nur um ein Verkaufsgespräch handelt. Ein Gutschein über ein Buch „Perfekte Vorsorge", das Sie dem Neukunden gegen Einsenden des Gutscheins überbringen, dagegen ist verlockend.

Messen richtig nutzen

Messen sind eine der wichtigsten Gelegenheiten, um Adressen von Neukunden zu sammeln. Wie Sie Messen richtig für Ihre Ziele nutzen, erfahren Sie ausführlich in Kapitel 14 – hier erst einmal so viel: Besuchen Sie nicht die Messen Ihrer Branche, sondern gehen Sie verstärkt zu den Messen, auf denen Ihre Kunden mit einem Stand vertreten sind. Hier finden Sie so viele potenzielle Neukunden an einem Ort, wie sonst an keinem anderen. Sie haben die Chance, an einem Tag Hunderte von neuen Kontaktadressen zu gewinnen. Wichtig dabei: Gehen Sie zu den Ständen interessanter potenzieller Kunden, aber reden Sie dort nicht ausdrücklich über Ihr Geschäft und konkrete Angebote. Halten Sie Small Talk, deuten Sie an, dass Sie eine interessante Idee hätten, sammeln Sie die Visitenkarten ein und kündigen Sie Ihren Anruf nach der Messe an. Denn bei der Messe will der Kunde selbst verkaufen – und dann ist er in der Regel nicht offen für ein Angebot Ihrerseits.

Nutzen Sie Veranstaltungen Ihrer Kunden

Veranstaltet einer Ihrer Kunden einen „Tag der offenen Tür"? Feiert er ein Jubiläum? Oder startet er eine besondere Werbeaktion? Dann bieten Sie ihm einfach an, selbst mit einem Veranstaltungspunkt zum Gelingen beizutragen. Bieten Sie an, einen Kurzvortrag zu halten, der für die Besucher interessant sein könnte, oder einen Kurz-Workshop, bei dem Sie interessante Kontakte zu neuen Kunden knüpfen können. Oder steuern Sie einen Stand mit einem Gewinnspiel bei, um Adressen zu generieren. Ihre Kunden freuen sich in der Regel über Ihr Angebot – schließlich steigern Sie die Attraktivität ihrer Veranstaltung, wenn Sie einen interessanten Programmpunkt gestalten.

Huckepack-Marketing: mit Gutscheinen zu neuen Kunden

Halten Sie sich einmal dieses einfache *Beispiel* vor Augen: Der Metzger verschenkt an alle Kunden, die bei ihm einkaufen, einen Gutschein für ein kostenloses Brot beim Bäcker nebenan. Bäcker und Metzger haben die gleiche Zielgruppe, konkurrieren aber nicht miteinander. Und beide profitieren davon: Der Metzger, weil er seinen Kunden ein kleines Extra in die Tüte packen kann, und der

Bäcker, weil er einen konstanten Strom von neuen Kunden bekommt.

Auch Sie können dieses Prinzip bei Ihrer Neukundenakquisition einsetzen. Alles, was Sie dazu brauchen: einen Gutschein über eine nette kleine Prämie, die die Neukunden bekommen sollen – und vielleicht auch andere Unternehmen oder Privatleute, die Ihre Gutscheine verteilen. Dafür kommen zwei Gruppen in Frage: Zum einen sind das Ihre vorhandenen Kunden, die Ihre Gutscheine an Freunde weitergeben. Zum anderen Unternehmen, die die gleiche Zielgruppe haben wie Sie, mit denen Sie aber nicht in Konkurrenz stehen.

Es ist in der Regel leicht, diese beiden Gruppen für die Idee zu gewinnen – schließlich haben sie ja auch etwas davon: Sie können Geschenke verteilen, die sie selbst nicht bezahlen müssen.

Viele Unternehmen nutzen diese Idee des Huckepack-Marketings noch nicht, weil sie glauben, das sei nur etwas für kleine Einzelhändler – für den Bäcker und Metzger eben. Doch lassen Sie sich nicht täuschen: Die Idee mit Gutscheinen funktioniert in beinahe allen Branchen – bis hin zum Business-to-Business-Bereich. Nur zwei Beispiele: Ein Sanitärgroßhandel gewinnt seine neuen Handwerkskunden mit dem Gutschein für eine Rohrzange, der beim Erstkauf eingetauscht werden kann. Sogar eine Unternehmensberatung gewinnt Kunden durch einen Gutschein über ein kostenlose halbtägige Analyse.

Wichtig ist stets: Die Leistung oder die Ware, für die der Gutschein ausgestellt ist, muss tatsächlich einen Wert für den Kunden darstellen. Ein Gutschein über eine „kostenlose Beratung" durchschaut jeder.

In Zug und Fahrstuhl Geschäftskontakte knüpfen

Wenn Sie für Firmenzielgruppen arbeiten, dann nutzen Sie diese wirksame Idee, die bisher kaum gezielt eingesetzt wird: Verzichten Sie, wenn es geht, bei Ihren Reisen aufs Auto und steigen Sie auf den Zug um. Lösen Sie unbedingt eine Fahrkarte erster Klasse. Hier sind Geschäftsleute unterwegs, die Ihre Dienste gebrauchen könnten! Und bei der langweiligen Fahrt im gemeinsamen Abteil ist es einfach, ein Gespräch anzufangen und so einen Kontakt zu gewinnen! Genau dasselbe gilt für das Frühstück im Hotel, wenn Sie unterwegs übernachtet haben: Ist der Frühstückssaal schon gut besucht, setzen Sie sich an einen Tisch, der schon besetzt ist. Ein Gespräch ergibt sich dann automatisch. Sie werden überrascht sein, wie oft sich daraus geschäftliche Beziehungen entwickeln! Doch beachten Sie bei diesen „zufälligen" Treffen auf jeden Fall die folgenden goldenen Regeln für den Erstkontakt:

➤ Reden Sie nicht ausdrücklich übers Geschäft. Das würde im negativen Sinne „verkäuferisch" wirken. Treffen Sie einen potenziellen Kunden bei einer Messe, im Zug oder bei einer Veranstaltung, dann sind zunächst erst einmal Small Talk und Visitenkarten-Tausch angesagt!

➤ Seien Sie offen, aber lassen Sie den anderen reden! Sagen Sie nur selbst etwas, wenn Sie gefragt werden. Denken Sie immer daran: Die meisten Menschen reden lieber selbst. Deshalb freut sich jeder darüber, wenn er in Ihnen einen aufmerksamen Zuhörer gefunden hat.

➤ Verraten Sie bei diesem ersten Kontakt noch nicht genau, was Sie Ihrem Kunden bieten können. Wecken Sie Neugier durch Andeutungen. Versprechen Sie dann ein Telefonat, in dem Sie Genaueres erzählen wollen. So wird Ihr Anruf gern aufgenommen!

➤ „Erzählen Sie mal, was machen Sie denn so?" Diese Frage begegnet Ihnen als Verkäufer immer wieder, wenn Sie auf Reisen, bei Veranstaltungen oder im Fahrstuhl jemanden kennen lernen, der Ihr Kunde werden könnte. Schlimm, wenn Sie dann ins Stocken geraten, sich verhaspeln oder beginnen, einen Roman zu erzählen. Deshalb: Legen Sie sich eine „Fahrstuhl-Präsentation" zurecht – eine prägnante Selbstdarstellung, für die sogar bei einer kurzen Fahrt im Fahrstuhl Zeit ist. „Du darfst über alles reden, nur nicht über 60 Sekunden!" Das ist Ihre Devise, wenn Sie Ihre Kurzpräsentation basteln. Hintergrund: Mögliche Auftraggeber wollen kurz und knapp wissen, wer Sie sind und wo Ihre Stärken liegen.

Tipps für Ihre Fahrstuhl-Präsentation:

➤ Sammeln Sie Stoff. Halten Sie schriftlich die Antworten auf diese Fragen fest: Welche Leistung bieten Sie? Was ist Ihre Spezialität? Für wen arbeiten Sie? Für wen ist Ihr Angebot besonders attraktiv? Welchen Nutzen haben Ihre Kunden davon? Was unterscheidet Sie von Ihren Konkurrenten?

➤ Formulieren Sie aus den Antworten einen zusammenhängenden Rohtext.

➤ Finden Sie einen Einstiegssatz, der Aufmerksamkeit erzeugt und Ihre besondere Leistung auf den Punkt bringt. Zum Beispiel: „Ich sorge dafür, dass Unternehmer reich werden." (Finanzdienstleister). „Ich gebe Firmen ein unverwechselbares Aussehen." (Messebau). „Ich sorge dafür, dass sich alte Menschen auch mit 90 Jahren noch pudelwohl fühlen." (Verkauf von Senioren-Produkten).

➤ Leiten Sie aus dem schriftlichen Rohtext eine gesprochene Version ab, die sich an den pointierten Einstiegssatz anschließt. Wichtig dabei: Nicht ablesen und auswendig lernen! Nehmen Sie die schriftliche Version nur als Leitfaden, um in Ihren eigenen Worten und Ihrer natürlichen Sprache den Inhalt wiederzugeben. Kürzen Sie den mündlichen Vortrag, bis er maximal 60 Sekunden lang ist.

Wenn der Kunde schriftliche Unterlagen haben möchte

Ich hoffe, Ihre nächste Zugfahrt bringt Ihnen einen interessanten Kundenkontakt. Doch wie können Sie Sympathie erzeugen, wenn der Kunde nur schriftliche Informationen haben will? Hier sind vier Ideen, mit denen Sie sich auf sympathische Weise abheben und in Erinnerung bleiben:

Idee 1: Ein praktischer USB-Stick statt langweiliger CDs

Senden auch Sie häufig umfangreiche Daten oder Angebote zusätzlich zur Papierform elektronisch an Kunden? Meist geschieht das mit einer CD-ROM oder per E-Mail. Doch hier ist eine gute Gelegenheit, dem Kunden auf charmante Weise ein kleines Geschenk zu machen: Senden Sie Ihre Daten nicht auf einer langweiligen CD-ROM, sondern auf einem der praktischen kleinen USB-Memory-

Sticks, die heute so beliebt sind. Diese kleinen Stifte, die nicht größer sind als ein Schlüsselanhänger, werden einfach in den USB-Port des PCs eingesteckt und bieten Speicherplatz von bis zu einigen 100 MB. Natürlich darf der Kunde den USB-Stick behalten – besonders bei Technikbegeisterten kommt ein solches praktisches kleines Geschenk gut an.

Idee 2: Gemütlich wie im Kino

Auch wenn Sie eine Video-Präsentation, Bildmaterial oder Filme auf CD-ROM zur Vorbereitung eines Präsentationstermins versenden, haben Sie eine erstklassige Gelegenheit, den Kunden auf sympathische Weise zu überraschen. Legen Sie Ihrem Paket einfach eine Tüte Popcorn bei – damit der Kunde es sich beim Betrachten so gemütlich machen kann wie im Kino.

Idee 3: So genießt Ihr Kunde Ihr Angebot bei Kaffee und Kuchen

Machen Sie aus dem Versand eines ganz herkömmlichen Angebots etwas Besonderes. Diese Idee können Sie besonders gut dann einsetzen, wenn der Kunde aus Ihrer Stadt kommt. Besorgen Sie einen Gutschein über eine Tasse Kaffee und ein Stück Kuchen in einem Café, das in direkter Nähe zum Sitz des Unternehmens liegt. Schreiben Sie dazu etwa: „Studieren Sie unseren Vorschlag und die Ideen am besten ganz in Ruhe. Deshalb lade ich Sie mit dem beiliegenden Gutschein zu einer Tasse Kaffee und Kuchen ins Café Mustermann ein ...“

Idee 4: „Nein, ich will gar keinen Termin mit Ihnen vereinbaren!“

Stellen Sie sich vor, Sie könnten jedem möglichen Kunden, den Sie zum ersten Mal anrufen, sagen: „Nein, ich will keinen Termin bei Ihnen. Sie müssen auch nicht zu mir kommen. Keiner muss sich ins Auto setzen. Ich kann Ihnen Ihren Nutzen in 15 Minuten übers Internet am Telefon aufzeigen.“ Damit könnten Sie eines der größten Hindernisse umgehen, denen Sie bei Ihrer Akquisition begegnen: die natürliche Abneigung des Neukunden gegen eine Terminvereinbarung. Mittlerweile ist es möglich: „Desktop-Sharing“ heißt die Technik. Und so funktioniert sie: Der Kunde wählt über das Internet eine bestimmt Seite an, auf der sich Ihre Präsentation befindet. Dann kann er sich zurücklehnen, während Sie mit ihm telefonieren.

Sie steuern von sich aus, was der Kunde auf seinem Bildschirm sieht – ganz so wie bei einer echten Präsentation mit Beamer –, nur eben übers Internet. Der Vorteil ist klar: Sie können sofort die wichtigsten Argumente während des Telefonats auch visuell präsentieren. Sie brauchen dazu keinen Termin mehr. Gelingt es Ihnen, den Kunden bei der Online-Live-Präsentation zu interessieren, können Sie beim ersten richtigen Gespräch schon konkrete Angebote machen und vielleicht auch schon den ersten Abschluss.

Sparen Sie sich Angebote, die ohnehin nichts bringen

Oft ist die Bitte des Kunden, ihm ein Angebot zukommen zu lassen, nur ein Mittel, Sie möglichst rasch loszuwerden. Jeder Verkäufer kennt sie – und jeder ärgert sich über sie: Angebote, die nie beantwortet werden. Typische Gründe dafür: Der Kunde hatte gar kein ernsthaftes Kaufinteresse oder er wollte nur mal die Preise überprüfen oder sich einfach informieren. Doch für Sie sind solche Angebote teure Zeitfresser. Machen Sie sich deshalb Gedanken, wie Sie solche faulen Anfragen und Angebotsaufforderungen frühzeitig erkennen und zeitsparend bearbeiten. Folgende Anzeichen zeigen, dass aus einer Anfrage wohl nie etwas werden wird:

➤ Der Kunde will keinen Termin – Sie haken nach einer Anfrage telefonisch nach, um einen Termin zu besprechen, und der Kunde lehnt ab.

➤ Der Ansprechpartner weiß nicht Bescheid – Sie rufen an und der Ansprechpartner, der Ihnen die Anfrage geschickt hat, ist offensichtlich inkompetent oder kann einfache Fragen nicht beantworten.

➤ Die Anfrage beginnt unpersönlich mit „Sehr geehrte Damen und Herren" oder trudelt per E-Mail ohne jede Ansprache ein – das ist ein Anzeichen dafür, dass die Anfrage massenhaft verschickt wurde und der Kunde nur auf der Suche nach einem Billigangebot ist.

➤ Die Anfrage ist konfus und ungenau – das ist ein Anzeichen dafür, dass der Kunde gar nicht weiß, was er will, und keinen akuten Bedarf hat.

➤ Ein Angebot zu erstellen würde von Anfang an extrem viel Aufwand bedeuten – das könnte ein Zeichen dafür sein, dass der Kunde gar nicht zu Ihrer eigentlichen Zielgruppe gehört.

Wenn eines – oder gar mehrere – dieser Merkmale zutrifft, dann sollten Sie sich genau überlegen, ob Sie zu viel Zeit in den Kunden investieren, denn in den meisten Fällen wird kein Geschäft daraus. Aber was mit diesen Kunden tun? Gar nicht reagieren ist keine Lösung, denn dann könnte vielleicht doch ein Auftrag verloren gehen. Um diesen Fall auszuschließen, bietet es sich an, Ihre Internetseiten zu nutzen: Fordern Sie den Kunden, der unentschlossen scheint oder keinen Termin vereinbaren will, am besten in einem Telefonat auf, die Internetseiten Ihres Unternehmens aufzurufen. Begleiten Sie ihn ein wenig durch die Seiten und zeigen Sie ihm so, was Ihr Unternehmen für ihn leisten könnte. Zeigen Sie ihm auf Referenzseiten, was Sie für andere Kunden getan haben. Ihr Ziel: Der Kunde soll sich dann entscheiden, ob er einen Besuch von Ihnen wünscht oder nicht. Lehnt er danach immer noch ab, brauchen Sie keine Zeit in ein Angebot zu investieren.

Neben den Angebotsanforderern gibt es auch die große Zahl der Prospektanforderer, die bei Ihnen Info-Material anfordern, um sich „erst einmal unverbindlich zu informieren". Testen Sie in solchen Fällen einmal diese Technik: Wenn ein Kunde anruft und Prospekte haben will, dann stellen Sie die Frage: „Von wie vielen Firmen haben Sie jetzt schon Prospekte da?" Meist hat er schon einen ganzen Stapel. Und dann sagen Sie: „Wissen Sie was, ich kann Ihnen die ganze Prospekt-Lesezeit ersparen und Ihnen bei einem Treffen in 15 Minuten eine echte Lösung bieten."

Worauf es beim ersten Eindruck ankommt

Kleidung auf dem Niveau des Kunden, tadelloses Schuhwerk und gepflegte Fingernägel – das sind die Standardtipps, um einen guten ersten Eindruck zu machen, der gerade bei der Neukundenakquisition eminent wichtig ist. Doch es gehört mehr dazu als ein paar Äußerlichkeiten, wenn Sie von Anfang an beim ersten persönlichen Treffen einen guten Eindruck hinterlassen wollen.

Die ersten Sekunden sind wichtig, aber nicht allein entscheidend

Viele Verkäufer machen den Fehler, sich allein auf den ersten äußerlichen Eindruck zu verlassen. Der ist zwar durchaus wichtig – aber bei weitem nicht allein entscheidend. Der erste Eindruck steht nach den ersten Sekunden nicht felsenfest – er kann sich im Laufe eines Gesprächs verändern, und zwar in beide Richtungen. Wer auf den ersten Blick einen prima Eindruck macht, kann ihn durch falsches Verhalten im Laufe des Gespräch komplett umkehren.

Überlassen Sie Ihrem Gegenüber die Initiative

Bleiben Sie, wenn das Gespräch beginnt, erst einmal zurückhaltend. Überlassen Sie Ihrem Gesprächspartner die Wahl der Richtung, die das Gespräch zu Beginn nimmt: Startet er mit Small Talk, steigen Sie ein. Springt er direkt mitten ins Thema, folgen Sie ihm. So stellen Sie sicher, dass Sie über das reden, worüber der Kunde reden will, und ihn nicht mit etwas überfallen. Ist Ihr Gesprächspartner allerdings selbst zurückhaltend, machen Sie den ersten Schritt: Erzählen Sie zum Beispiel von den (positiven!) ersten Eindrücken, die Sie von seinem Unternehmen haben.

Suchen Sie die Gemeinsamkeiten

Steuern Sie das Erstgespräch durch Fragen zu den Gemeinsamkeiten, die Sie beide haben. Nichts ist wichtiger, um Sympathie aufzubauen: Die Menschen lieben Menschen, die genau so sind wie sie selbst. Doch Vorsicht: Bleiben Sie sich selbst und Ihrer eigenen Art treu, spielen Sie Ihrem Gegenüber nichts vor! Heucheln Sie keine Gemeinsamkeiten, wo in Wirklichkeit keine sind. Und verstellen Sie sich nicht: Spielen Sie niemals den dynamischen Macher, wenn Sie tendenziell eher etwas introvertiert sind. Wichtig ist, dass Sie glaubhaft sind. Verstellungen spürt jeder Gesprächspartner (zumindest unbewusst) – und dann reagiert er mit Ablehnung.

Wollen Sie lächeln?

Bei der Begrüßung ist es entscheidend, dass Sie Ihren Kunden anlächeln – doch niemals gekünstelt oder aufgesetzt. Die Frage ist nicht, ob Sie lächeln können, sondern ob Sie lächeln wollen.

Turbo-Tipp: Misstrauen Sie Ihrem eigenen ersten Eindruck

Ihre Kunden dürfen sich ruhig auf den ersten Eindruck verlassen – als Profi im Verkauf sollten Sie Ihrem eigenen ersten Eindruck, den Sie von einem Kunden haben, immer misstrauen. Schenken Sie Ihrem ersten Eindruck, den Sie von Ihrem Kunden haben, einfach nicht allzu viel Beachtung. Das führt nämlich schnell zu Schubladen-Denken und vorschnellen Urteilen wie: „Das ist ein Kunde, wie ich schon Tausende hatte" oder „Den habe ich in der Tasche" und „Ich weiß sowieso, was seine Probleme sind". Solch vorschnelle Urteile können zu bösen Überraschungen führen: Der Kunde fühlt sich nicht verstanden, nicht individuell behandelt. Oder er bekommt gar nicht erst das Angebot, das genau auf ihn zugeschnitten ist.

Beachten Sie auch den letzten Eindruck

In Verkaufsleitfäden ist immer vom entscheidenden „ersten Eindruck" die Rede, vernachlässigt hingegen wird der letzte Eindruck. Doch wie bei einer Rede gilt: Was am Schluss steht, bleibt nachhaltig im Gedächtnis haften. Sorgen Sie darum dafür, mit dem letzten Eindruck Nutzenspuren zu hinterlassen – dem Kunden ein kleines Präsent dalassen, die Zusendung weiterer Infos oder eines Geschenks vereinbaren und die weitere Kundenbeziehung als Event aufziehen. All dies ist richtig und notwendig. Bieten Sie dem Kunden aber auf jeden Fall zum Ende des Gesprächs einen Zusatznutzen und Mehrwert, den er nicht erwartet.

Wie Sie Kunden der Konkurrenz gewinnen: die LPPL-Strategie

Der Kuchen ist verteilt – alle guten Kunden sind in festen Händen. Wie bekommen Sie trotzdem den Fuß in die Tür und gewinnen den Kunden der Konkurrenz? Keine leichte Aufgabe. Aber mithilfe des folgenden Tipps steigern Sie die Chance, überhaupt einen Termin zu bekommen.

Also: Wenn Sie es geschafft haben, bei einem Kunden zu sitzen, der angeblich schon fest vergeben ist, dann versetzen Sie sich konsequent in die Rolle des Beraters, der Fragen stellt. Das ist in diesem Fall besonders wichtig, weil der Kunde kein akutes Kaufinteresse hat: Er ist ja bereits Kunde eines anderen Unternehmens. Durch eine geschickte Fragestrategie führen Sie ihn zu der Erkenntnis, dass er Ihr Produkt oder Ihre Dienstleistung braucht. Gehen Sie so vor:

➤ Stellen Sie zu Beginn des Gesprächs Fragen danach, was beim Kunden zur Zeit besonders gut läuft: „Wovon waren Sie besonders begeistert?" Hintergrund: Der durchschnittliche Verkäufer versucht in dieser Situation, sofort herauszufinden, mit welchen Leistungen der Konkurrenz der Kunde nicht zufrieden ist. Doch das ist der entscheidende Fehler! Der Kunde wird in schlechte Stimmung versetzt – er geht in eine Verteidigungshaltung. Wenn er sofort zugeben müsste, dass etwas nicht funktioniert, wäre das ja ein Eingeständnis, dass er schlecht eingekauft hat. Fragen Sie aber nach positiven Dingen, dann versetzen Sie ihn in gute Stimmung und freuen sich gemeinsam über den Erfolg.

➤ Erst danach fragen Sie den Kunden, wo es denn noch besser laufen könnte. In der guten Stimmung ist der Kunde jetzt eher bereit, auch die Schattenseiten zu erwähnen. Sie haben sich gemeinsam gefreut, jetzt kann man auch sagen, wo es nicht ganz so gut läuft.

➤ Jetzt machen Sie aus der angeblichen „Mücke einen Elefanten". Verstärken Sie durch Fragen die Probleme, die der Kunde nennt: „Welche Kosten hat das für Sie erzeugt? – Welche Probleme bekommen Sie persönlich dadurch? – Wo könnte das in ein oder zwei Jahren hinführen, wenn es mit dieser Sache so weitergeht?" Ihr Ziel: Sie schaffen auf Seiten des Kunden ein Problembewusstsein.

➤ Jetzt liegt es nahe, sofort mit der eigenen Lösung herauszuplatzen. Doch gehen Sie vor wie bisher und bleiben Sie bei Ihre Fragestrategie: „Welche Lösung würden Sie sich denn für dieses Problem wünschen?"

➤ Dann kommt der große Moment: Oft wird der Kunde jetzt
sagen: „Könnten Sie das nicht so und so machen? Haben Sie
nicht ein Produkt, das genau das und das leistet? Können Sie
mir mal ein Angebot machen?" Damit haben Sie gewonnen!
Der Kunde hat sein Problem selbst erkannt und durch Ihre
beratenden Fragen selbst die Lösung gefunden. Und Sie sind
überhaupt nicht als Verkäufer aufgetreten! Sie haben dem Kunden nur geholfen, ein Problem rechtzeitig zu erkennen und zu
lösen. Das hat die Konkurrenz versäumt – und so einen Kunden
verloren. An Sie!

Die LPPL-Strategie

Die dargestellte Vorgehensweise heißt „LPPL-Strategie". Mit ihr
liegt eine Methode vor, mit der Sie sich bei Neukunden – aber natürlich auch bei Ihren Bestandskunden – als aktiver Problemlöser
profilieren können. LPPL heißt „Lösung – Problem – Problem –
Lösung" und bedeutet im Einzelnen:

L: Lösungen abfragen: Was hat der Kunde schon erreicht?
– Was läuft denn schon erfolgreich?
– Wie haben Sie das geschafft?
– Worauf sind Sie stolz in diesen Bereichen ...?
P: Probleme nachfragen: Wo sieht der Kunde einen Engpass?
– Was wünschen Sie sich in diesem Bereich für die Zukunft?
– Was würden Sie gerne verbessern?
– Was vermissen Sie noch?
P: Problem verstärken: Machen Sie aus einer Mücke einen Elefanten
Verstärker 1: Welche Konsequenzen hatte das für Sie?
Verstärker 2: Wie wird es in ein, zwei, fünf Jahren sein, wenn das Problem nicht gelöst wird?
Verstärker 3: Hat dieses Problem Sie schon einmal Geld/Zeit gekostet?
L: Lösungsfrage: Zurück in die Zukunft
Nutzen: Angenommen, wir hätten das Problem gelöst, welche ...
... Vorteile hätte das für Sie persönlich?
... für Ihre Abteilung/Ihr Unternehmen?

Fazit und: Was Sie jetzt sofort tun sollten

- Verlassen Sie die eingefahrenen Akquisitionswege, auf denen sich auch Ihr Wettbewerber tummelt. Vermeiden Sie 08/15-Strategien, lassen Sie bei der Ansprache potenzieller Kunden Ihrer Fantasie und Kreativität freien Lauf.

- Von besonderer Bedeutung bei der Neukundenakquisition ist der Aufbau einer *Vor-Beziehung:* Damit sind alle Aktivitäten gemeint, die Sie vor der ersten persönlichen Begegnung einsetzen, um Ihre Kompetenz bei dem Kunden unter Beweis zu stellen. Am besten ist es, sich etwas Besonderes und Neues einfallen zu lassen.

- Passen Sie die zahlreichen Tipps dieses Kapitels Ihrem individuellen Bedarf an. Aber notieren Sie sich mindestens fünf Maßnahmen, die Sie *sofort* umsetzen werden.

Geflügeltes Wort unter Verkäufern ist, dass es schwieriger ist, einen bestehenden Kunden zu halten, als einen neuen zu gewinnen. Darum geht es im nächsten Kapitel: um Strategien und Methoden, wie Sie Bestandskunden noch enger an sich und Ihr Unternehmen binden.

13. So halten Sie Bestandskunden

Sie haben es geschafft und den potenziellen Kunden von Ihrem Nutzenangebot überzeugt. Doch nun dürfen Sie sich nicht zurücklehnen – es gilt, den Kunden immer wieder aufs Neue davon zu überzeugen, dass er bei Ihnen einen Nutzen erhält, den ihm niemand sonst bieten kann. Natürlich gehört dazu, dass Ihre Produkte und Dienstleistungen ihn weiterhin überzeugen, aber das ist eine Selbstverständlichkeit. Pluspunkte gewinnen Sie, indem Sie die persönliche Beziehung zum Kunden stärken. Wenn Sie die folgenden Verhaltensweisen trainieren und Tipps beachten, schaffen Sie es, dass sich Ihre Bestandskunden bei Ihnen einfach wohl fühlen.

Überzeugen Sie durch Fach- und Beziehungskompetenz

Kunden mögen Verkäufer, die gut Bescheid wissen – stellen Sie Ihre Fachkompetenz immer wieder unter Beweis. Bereiten Sie sich auf jedes Gespräch intensiv vor. Besorgen Sie sich möglichst viele Informationen über die Firma, ihre Produkte, Angebote und Mitarbeiter sowie die Branche, in der der Kunde tätig ist, und aktualisieren Sie diese Informationen kontinuierlich. Je mehr Sie über das aktuelle Branchengeschehen wissen, desto schneller haben Sie Anknüpfungspunkte für ein angenehmes Gespräch mit dem Kunden. Aber dazu gehört auch: Finden Sie heraus, was der Gesprächspartner über Sie und Ihr Unternehmen denkt. Wie schätzt er die Geschäftsbeziehung ein?

Pluspunkte sammeln Sie immer dann, wenn Sie mit dem Kunden über ihn und sein Unternehmen reden – und nicht über sich selbst und Ihre Produkte. Zuhören und echtes Interesse für die Sorgen des anderen sind in der heutigen schnelllebigen Zeit wertvolle Eigenschaften. Hinzu kommt: Kunden mögen Anerkennung. Wenn Sie beim Kunden sind, sehen Sie sich um. Wo hängen Auszeichnungen, Urkunden für besondere Leistungen, Meisterstücke, persönliche Bilder und Ähnliches, worauf Sie Ihren Kunden ansprechen können? Welche Leistungen und Ergebnisse hat Ihr Kunde erreicht, die anerkennenswert sind? Schärfen Sie Ihren Blick für diese Dinge und sprechen Sie Ihren Kunden darauf an.

Und haben Sie Mut zu Ihrer Individualität und Persönlichkeit! Kunden mögen keine „aalglatten Verkäufer", bei denen jedes Wort und jede Bewegung wie einstudiert wirken. Natürlich ist Verkaufstechnik entscheidend für den Erfolg – aber versuchen Sie nicht, andere Menschen, die vielleicht Ihr Vorbild sind, zu kopieren. Machen Sie die Verkaufstechniken zu Ihren eigenen Techniken. Dann kommen Sie auch im Verkauf als Mensch glaubhaft rüber. Und das ist immer sympathisch und stärkt die Kundenbeziehung.

So sammeln Sie Sympathiepunkte

Sympathie – das ist eines der entscheidenden Wörter, wenn es um den Auf- und Ausbau der persönliche Kundenbeziehung geht. Natürlich kaufen Ihre Kunden Ihre Produkte auf Grund von objektiven Kriterien – wie Preis oder Qualität. Aber auf der anderen Seite: Kaufen Sie gerne etwas von jemandem, der Ihnen nicht besonders sympathisch ist? Gelingt es Ihnen, im Kontakt mit dem Bestandskunden immer wieder Sympathiepunkte zu sammeln, dann steigen Ihre Chancen für eine nachhaltige Kundenbindung und auf erfolgreiche Abschlüsse. Die folgende Checkliste zeigt die Fehler, die Sie im Verkaufsgespräch auf jeden Fall vermeiden sollten, und die richtigen Verhaltensweisen, die zum Sympathieaufbau führen:

Das bringt Minuspunkte	Das bringt Pluspunkte
Mehr reden als der Kunde: Der Verkäufer redet beinahe unablässig, ist ganz begeistert von seinem Angebot und lässt den Kunden kaum zu Wort kommen. Der Effekt: Der Kunde fühlt sich unwohl – und der Käufer erfährt zu wenig über den Kunden, um ihm das richtige Angebot zu machen.	*Halten Sie sich selbst zurück!* Der Kunde soll reden. Ihre Aufgabe ist es, Fragen zu stellen. Vergleichen Sie Ihre Rolle durchaus mit der eines Arztes: Ein guter Arzt hört aufmerksam zu, was der Patient zu sagen hat. Er stellt kurze und kluge Fragen, um genau das Richtige für den Patienten zu tun. Genau das ist auch Ihre Rolle: Wenn der Kunde feststellt, dass Sie aufmerksam zuhören, hat er das Gefühl, dass er bei Ihnen gut aufgehoben ist.

Das bringt Minuspunkte	Das bringt Pluspunkte
Unterbrechen: Der Verkäufer unterbricht den Kunden – vielleicht weil der Kunde gerade genau das richtige Stichwort für die eigene Argumentation geliefert hat.	Machen Sie es sich zur eisernen Regel: *Unterbrechen Sie einen Kunden niemals in seinem Redefluss!* Im Privatleben und auch bei der Arbeit muss jeder Mensch damit leben, dass er dauernd unterbrochen wird. Gönnen Sie ihm das gute Gefühl, dass er bei Ihnen ausreden kann.
Den Kunden nicht ernst nehmen: Der Verkäufer zeigt, dass ihm alle Probleme des Kunde längst bekannt sind.	Auch wenn Sie seine Probleme, seine Sorgen oder seine Erzählungen schon durch Ihre vielen Kontakte aus dem Effeff kennen – zeigen Sie, dass Sie daran *Interesse haben.* Sonst hat der Kunde das Gefühl, dass Sie ihn nicht ernst nehmen.
Aber Vorsicht: Es ist auch ein großer Fehler, im Verkaufsgespräch *stumm dazusitzen* und keine Reaktion zu zeigen. Das wirkt leicht desinteressiert und kann Ihr Gegenüber verunsichern.	*Zeigen Sie dem Kunden laufend durch verbale und nonverbale Signale, dass Sie aufmerksam zuhören.* Nicken Sie, werfen Sie kleine Anmerkungen wie „Ah, ja", „Interessant!" oder Ähnliches ein. Am wirkungsvollsten zeigen Sie Interesse, wenn Sie sich Notizen darüber machen, was der Kunde sagt.
Nachdenken: Der Verkäufer denkt schon über seine nächsten Argumente oder die nächsten Fragen nach, während der Kunde noch redet.	*Konzentrieren Sie sich jederzeit auf das, was der Kunde sagt.* Fällt Ihnen eine Zwischenfrage oder ein wichtiges Argument als Antwort ein, machen Sie sich eine Notiz, damit Sie später darauf zurückkommen können, aber jetzt voll konzentriert weiter zuhören können.
Ungestellte Fragen beantworten: Der Verkäufer zählt die lange Liste der Produktvorteile auf, für die sich der Kunde vielleicht gar nicht interessiert. Er beantwortet Einwände, die der Kunde überhaupt nicht hatte.	*Beantworten Sie nur die Fragen, die Ihr Kunde stellt.* Belasten Sie ihn nicht mit Fakten oder vermeintlichen Vorteilen, die offenbar unwichtig für ihn sind. Wenn Sie auf Einwände eingehen, die der Kunde nicht hatte, bringen Sie ihn vielleicht sogar auf schlechte Gedanken. Konzentrieren Sie sich deshalb bei den Dingen, die Sie sagen, auf die Prioritäten, die der Kunde im Verlauf des Gesprächs geäußert hat. Sie haben dann nicht nur eine bessere Chance, den Kunden von den Vorzügen Ihres Angebots zu überzeugen. Sie punkten auch auf der menschlichen Ebene: Sie zeigen dadurch, dass Ihnen die Wünsche Ihres Gegenübers wichtig sind. Und das ist sympathisch!

So erreichen Sie Kundenzufriedenheit

Die Zufriedenheit ihrer Kunden messen die meisten Unternehmen – wenn überhaupt – mithilfe von teuren und aufwändigen Befragungen, die von spezialisierten Instituten durchgeführt werden. Doch das kostet nicht nur viel Geld und Zeit, auch die Ergebnisse sind häufig ziemlich abstrakt. Deshalb finden Sie hier einige sofort umsetzbare Ideen, mit denen Sie die Zufriedenheit Ihrer Kunden messen und steigern.

Idee 1: Sprechen Sie mit Ihren Innendienstlern

Wer hat am meisten Kontakt mit dem Kunden, wenn der Außendienstler den Abschluss gemacht hat? Richtig: die Mitarbeiter in Ihrem Innendienst. Sie wickeln den Auftrag ab und haben dabei oft täglich Kontakt zum Kunden. Lassen Sie sich kontinuierlich von den Innendienstmitarbeitern berichten, welche Probleme die Kunden haben, wie die Stimmung der Kunden ist und wo es hakt.

Idee 2: Mängel- und Chancenliste

Fehler dürfen passieren – das akzeptiert beinahe jeder Kunde. Das Problem und der heimliche Kundenschwund beginnen, wenn ein Fehler zum zweiten Mal passiert. Und das geschieht schneller, als man denkt, weil Berichte über Fehler und Lösungen im Team nicht weitergegeben werden. Arbeiten Sie ab sofort mit einer Mängel- und Chancenliste. Jedes Problem, jede Beschwerde oder Reklamation wird dort von Ihnen eingetragen. So entgeht Ihnen keine Panne mehr. Und dann überlegen Sie, wie der Fehler für die Zukunft ausgeschlossen wird.

Idee 3: Entwickeln Sie sich zum Zufriedenheits-Fachmann

Beachten Sie die Auswirkungen aller Ihrer Aktivitäten auf die Kundenzufriedenheit. Absolvieren Sie eine Fortbildung im Qualitäts-Management (QM) – das QM bietet zahlreiche Techniken und Methoden zur Steigerung der Kundenzufriedenheit.

Idee 4: Denken Sie ständig an Vereinfachung

Unzufriedenheit entsteht bei Kunden dann, wenn etwas zu lange dauert, zu kompliziert oder zu bürokratisch ist. Arbeiten Sie deshalb ständig daran, alle Abläufe aus Kundensicht so einfach und schnell wie möglich zu gestalten. Schlagen Sie Ihrem Vorgesetzten vor, durch regelmäßige Testkäufe etwa von professionellen „Mystery Shoppern" zu prüfen, wie der Verkauf und die Abwicklung des Geschäfts in Ihrem Unternehmen laufen. So erfährt Ihre Abteilung, wo es hakt, wo es zu lange dauert oder wo Versprechungen nicht eingehalten wurden.

Idee 5: Nach jedem Abschluss eine Frage stellen

Das ist die einfachste, aber vielleicht wirksamste Methode, um ein gutes Gefühl für die Zufriedenheit Ihrer Kunden zu bekommen und um sich ständig zu verbessern: Fragen Sie den Kunden einfach nach jedem Abschluss, was bisher gut gelaufen ist und was nicht. Verpflichten Sie sich, nach jedem Abschluss diese Fragen zu stellen:

➤ „Was hat Ihnen an unserem Gespräch gefallen?"
➤ „Was würden Sie sich für das nächste Mal wünschen?"

Idee 6: Verbannen Sie Floskeln aus Ihrer Korrespondenz

„Beiliegend übersenden wir Ihnen ..." – „In Erwartung Ihrer Antwort verbleibe ich ...": Durchforsten Sie Ihre Korrespondenz, ob sich auch dort noch solche verstaubten und schon vor zwanzig Jahren abgegriffenen Floskeln verstecken. Wenn ja, mustern Sie solche Floskeln sofort aus und nutzen Sie die schriftliche Kommunikation zum sympathischen und menschlichen Kontakt mit Ihren Kunden. Hier ein paar Beispiele, wie leicht Sie Floskeln durch moderne Sprache ersetzen können:

➤ Statt „Beiliegend erhalten Sie das Angebot ..." schreiben Sie einfach: „Hier das Angebot ...".
➤ Statt „In Erwartung Ihrer Antwort ..." schreiben Sie zum Beispiel: „Ich rufe Sie am Dienstag an, damit wir einen Termin vereinbaren können."
➤ Statt „Wir erlauben uns, Ihnen mitzuteilen ..." schreiben Sie: „Denken Sie auch daran, dass ...".

Idee 7: Schenken Sie ehrliche Aufmerksamkeit und Anerkennung

Nichts wirkt in einer hektischen und schnelllebigen Welt angenehmer als ein wenig ehrliche Aufmerksamkeit und Anerkennung. Nutzen Sie deshalb jede Gelegenheit, um Ihren Kunden Aufmerksamkeit und Anerkennung entgegenzubringen. Beispiel: Immer wenn Sie über einen Kunden etwas in der Zeitung lesen – zum Beispiel über die Einweihung einer neuen Halle, über ein Jubiläum oder Ähnliches: Rufen Sie ihn an und gratulieren Sie zu dem Erfolg oder dem Ereignis. Oder schreiben Sie einen Brief mit einem Glückwunsch und ganz ohne verkäuferischen Hintergedanken.

Idee 8: Kundenzufriedenheit geht durch den Magen

Haben Sie häufiger Kunden zu Besuch? Dann setzen Sie diese sympathische Idee ein, die (fast) nichts kostet: Wenn sich der Kunde verabschiedet und die Rückfahrt antritt, geben Sie ihm zum Abschied eine kleine Provianttüte für die Heimreise: darin ein paar Schoko- oder Müsli-Riegel, eine Tüte Saft – also kleine Erfrischungen, die man gut im Auto zu sich nehmen kann. Genau das sind die kleinen Gesten, mit denen Sie den gefühlten Mehrwert schaffen – den Mehrwert, mit dem Sie sich von anderen Unternehmen abheben, die das gleiche Angebot haben wie Sie.

Nutzen Sie den Fragebogen „Kundenzufriedenheit".

Einige wenige und einfache Fragen informieren Sie ständig über den Grad der Kundenzufriedenheit Ihrer Bestandskunden – sofern Sie es sich zur Gewohnheit machen, sie nach jedem Kontakt zu bitten, folgenden Fragebogen auszufüllen:

1. Wie zufrieden sind Sie mit unserem Gespräch und meiner Beratung? Bitte geben Sie eine Schulnote:

☐ 1　　☐ 2　　☐ 3　　☐ 4　　☐ 5　　☐ 6

2. Was ist Ihnen positiv aufgefallen?

_____

_____

_____

3. Was ist Ihnen negativ aufgefallen?

_____

_____

_____

4. Was wünschen Sie sich für unser nächstes Gespräch?

_____

_____

_____

5. Haben Sie weitere Fragen oder Anregungen?

_____

_____

_____

Neue Geschäfte mit alten Kunden

Die Erhöhung der Kundenzufriedenheit dient der Kundenbindung – und dem Ziel, auch auf eng begrenzten Märkten das Geschäft mit Ihren vorhanden Kunden auszuweiten. Nutzen Sie die folgenden Denkanstöße, um Folgegeschäfte zu generieren:

Denkanstoß 1: Kunden zu Verkäufern machen

Machen Sie Ihre vorhandenen Kunden zu Ihren besten Verkäufern! Das funktioniert immer dann, wenn einer Ihrer Auftraggeber in einer Abteilung eines Unternehmens sitzt und auch andere Abteilungen Ihre Dienste gebrauchen könnten. Sobald Ihr Kunde mit Ihrer Arbeit zufrieden ist, fragen Sie ihn zum Beispiel danach, wie die Zusammenarbeit mit anderen Abteilungen läuft. Oder stellen Sie eine Frage wie diese: „Mit wem sprechen Sie in Ihrem Unternehmen über die Probleme, die wir gerade gelöst haben?"

Oft ergibt sich daraus die Idee, dass Sie auch für die anderen Abteilungen arbeiten könnten. Der Kunde wird dann oft aktiv Ihre Dienste oder Produkte im Haus „verkaufen". Verdeutlichen Sie ihm, dass auch *er* einen Vorteil davon hat, wenn Sie auch für andere Abteilungen arbeiten. Solch ein Vorteil für ihn ist zum Beispiel die reibungslosere Zusammenarbeit mit anderen Abteilungen.

Denkanstoß 2: Cross-Selling – aber richtig!

Cross-Selling ist das Stichwort, das immer fällt, sobald es um mehr Geschäft mit anderen Kunden geht. Der häufigste Fehler dabei: Es reicht nicht, dem Kunden eine Liste mit weiteren Produkten oder Dienstleistungen vorzulegen, die er gebrauchen könnte. Bieten Sie dem Kunden ein Gesamtkonzept – eine Idee, zu der die unterschiedlichen Produkte oder Dienstleistungen Ihres Angebots gehören.

Denkanstoß 3: Der „Das-will-ich-auch-haben-Effekt"

Berichten Sie Ihren Kunden regelmäßig über Erfolge, die andere Kunden mit Ihren Produkten oder Dienstleistungen erzielen. Richten Sie dazu zum Beispiel einen E-Mail-Newsletter mit Berichten über interessante Projekte und Erfolgsbeispiele ein. Dadurch erzielen Sie den „Das-will-ich-auch-haben-Effekt".

Denkanstoß 4: Kunden zu VIPs machen

Machen Sie Ihren besten Kunden klar, dass sie etwas Besonderes für Sie sind – durch VIP-Leistungen, die nur diese Kunden nutzen können. Zum Beispiel:

➤ Wenn Sie einen Einführungspreis für ein neues Produkt/eine neue Dienstleistung haben, dann bieten Sie diesen Einführungspreis nur den VIP-Kunden an.

➤ Wenn Sie besondere Service-Leistungen bieten, dann nur für diese Kunden.

Denkanstoß 5: Kundentreffen außerhalb der Reihe

Sorgen Sie dafür, dass Sie Ihren Kunden immer mal wieder außerhalb der Reihe begegnen. Wenn Sie sich nicht in der normalen Verkaufsgespräch-Situation befinden, ergeben sich leichter ungezwungene Gespräche, in denen der Kunde über seine Sorgen, über Probleme oder zukünftige Planungen berichtet. Der Kunde spricht offener, weil er Ihnen jetzt eher als Mensch denn als Verkäufer begegnet. Dabei hören Sie leicht seinen Bedarf heraus. Solche Treffen brauchen Sie nicht dem Zufall zu überlassen: Finden Sie heraus, welche Veranstaltungen (zum Beispiel Unternehmertreffen/Kongresse/Seminare ...) Ihr Kunde besucht, und gehen Sie auch hin. Oder Sie führen selbst Kundentreffen durch.

*Kundentreffen: Gewinnen Sie überraschende Einblicke –
und Kunden fürs Leben*

Dazu benötigen Sie die Hilfe Ihres Vorgesetzten: Diskutieren Sie mit ihm die Möglichkeit regelmäßiger Treffen Ihrer Bestandskunden. Solche Treffen sind von unschätzbarem Wert: Wenn Sie Ihren Kunden die Gelegenheit bieten, einmal mitzureden, die eigenen Wünsche und Ideen zu äußern, gewinnen Sie nicht nur überraschende und wichtige Einblicke, Sie gewinnen auch noch Kunden fürs Leben. Denn wer zum Beispiel bei einem Kunden-Parlament mitbestimmen konnte, wie das neue Produkt heißt oder wie genau ein neuer Service aussehen soll, der wird wohl für immer Ihr Kunde bleiben – weil er daran mitgearbeitet hat.

Wenn es Ihnen gelingt, Ihre Führungskraft von der Bedeutung dieser Kundentreffen zu überzeugen, beachten Sie bitte die folgenden Punkte bei der Organisation:

➤ *Namen auswählen:* Finden Sie einen Namen, der die Wichtigkeit des Treffens unterstreicht: „Kunden-Parlament" oder „Round table" sind Namen, die zeigen, dass die Kunden zu Wort kommen sollen.

➤ *Anreiz schaffen:* Sie werden überrascht sein – in vielen Fällen ist allein die Tatsache, dass Sie den Kunden außerhalb des Verkaufsgesprächs zuhören wollen, Anreiz genug zur Teilnahme. Schaffen Sie aber sicherheitshalber zumindest einen kleinen zusätzlichen Anreiz, damit Ihre Kunden auf eine entsprechende

Einladung positiv antworten: zum Beispiel eine Einladung zum gemeinsamen Abendessen nach dem Gespräch.

➤ *Teilnehmerzahl gering halten:* Achtung! Die Veranstaltung darf nicht zu groß werden! Sonst besteht die Gefahr, dass Sie nicht zu jedem Teilnehmer persönlichen Kontakt bekommen. Faustregel deshalb: Wenn es um erklärungsbedürftige Produkte oder Dienstleistungen geht: nicht mehr als vier bis fünf Teilnehmer. Wenn es um einfachere, alltägliche Produkte oder Dienstleistungen geht: nicht mehr als 15 Teilnehmer.

➤ *Vorschlag für das Programm:* Finden Sie einen Anlass, bei dem die Kunden mitbestimmen können. Beispiel: Sie suchen einen Namen für ein neues Produkt oder einen neuen Service. Oder Sie haben einen neuen Prospekt und zwei Vorschläge aus der Marketingabteilung. Die Kunden können darüber abstimmen und ihre Meinung äußern. So erzeugen Sie bei den Kunden das Gefühl, dass sie „mitgearbeitet" haben.

Halten Sie durch Jahresgespräche den Draht zum Kunden

Nicht wenige Verkäufer überlassen den Kontakt zum vorhandenen Kunden mehr oder weniger dem Zufall – wenn der Kunde etwas braucht, „wird er sich schon melden". Oder wenn es der Terminplan des Verkäufers einmal zulässt, schaut er mal beim Kunden herein. Doch diese „Zufallsstrategie" kann rasch ins Auge gehen: Der Kunde kommt sich schnell vernachlässigt vor – besonders dann, wenn er vom Konkurrenten umgarnt wird. Mit Jahresgesprächen beugen Sie dieser Entwicklung vor. Allerdings: Mit *jedem* Kunden Jahresgespräche zu führen, kann zu zeitaufwändig und uneffektiv sein. Konzentrieren Sie sich deshalb auf diese beiden Gruppen:

➤ Kunden, mit denen Sie kontinuierlich Geschäfte machen, und
➤ Kunden, bei denen Sie ein großes Potenzial vermuten.

Führen Sie mit diesen Kunden mindestens einmal pro Jahr ein Gespräch. Ihre Ziele: Beziehung festigen, Bedarf ermitteln, Zusammenarbeit optimieren und ausbauen.

Wie Sie einen guten Aufhänger für das Jahresgespräch finden

Wenn Sie Ihre Kunden noch nicht an einen festen Termin fürs Jahresgespräch gewöhnt haben, brauchen Sie für das erste Mal auf jeden Fall einen guten Aufhänger. Denn einfach ein Jahresgespräch vorzuschlagen, das klingt nicht unbedingt verlockend für den Kunden. Er vermutet möglicherweise – kritisch wie er ist –, dass Sie nur mehr verkaufen wollen. Ihre Devise deshalb: Machen Sie den Kunden durch einen interessanten Aufhänger neugierig und offen für das Gespräch. Hier einige Vorschläge, wie Sie den Aufhänger finden:

> Neuigkeiten bringen,
> Geheimnis lüften: „Wussten Sie schon, dass ...?"
> originelles, individuelles Präsent überreichen oder
> besondere, neue Serviceleistungen anbieten.

Der Grundsatz dabei: Erst geben, dann nehmen. Kommen Sie zum Gespräch mit einem „Geschenk" für den Kunden. Dabei müssen Sie das Wort „Geschenk" nicht wörtlich nehmen – auch eine gute Information oder eine neue Idee kann für den Kunden ein wertvolles Geschenk darstellen.

Zusammenarbeit optimieren: Wie Sie Probleme aus dem Weg räumen

Bei fast allen Kunden hakt es manchmal in der Zusammenarbeit. Das Jahresgespräch ist der optimale Zeitpunkt, um solche Punkte aus dem Weg zu räumen. Beispiel: Sie haben immer wieder Probleme, weil der Kunde seine eigenen Termine nicht einhält. Beim Jahresgespräch können Sie gezielt fragen: „Wie sollen wir als Auftragnehmer damit umgehen?" Der Kunde wird in der Regel dann sagen, wie Sie ihm auf die Finger klopfen sollen. Sie holen sich so eine „Erlaubnis zum Tadeln" ab – und können fortan den Kunden an einem problematischen Punkt kritisieren, ohne ihn menschlich anzugreifen. Sie haben ja die Erlaubnis dazu von ihm selbst erhalten!

Turbo-Tipp: Ziele besprechen allein reicht nicht!

Klar ist, dass bei einem Jahresgespräch mit dem Kunden gemeinsame Ziele für die Zusammenarbeit definiert und festgelegt werden. Doch wer dabei stehen bleibt, riskiert den Misserfolg! Garantiert wirkungsvoll ist das Gespräch mit dem Kunden nur dann, wenn Sie am Ende ganz konkrete Maßnahmen für die Erreichung der Ziele festlegen:

➤ Definieren Sie gemeinsam mit dem Kunden die Ziele.

➤ Legen Sie Meilensteine (Zwischenziele) fest, an denen Sie überprüfen können, ob Sie auf dem richtigen Weg sind.

➤ Einigen Sie sich dann auf ganz konkrete (überprüfbare!) Schritte zur Erreichung der Ziele: Wer tut bis wann was, um die Ziele zu erreichen?

So erkennen Sie frühzeitig, ob Kunden „auf der Kippe stehen"

Einmal mein Kunde – immer mein Kunde. Dass dieser Satz nicht stimmt, ist im Kopf jedes Verkaufsmitarbeiters mittlerweile verankert. Doch vielfach werden keine Konsequenzen daraus gezogen. So gibt es nur extrem wenige Unternehmen, die in Ihren Verkaufsteams mit einem professionellen Frühwarnsystem arbeiten, das rot aufleuchtet, sobald ein Kunde auf der Kippe steht und droht, zur Konkurrenz abzuwandern. Aber einen vorhandenen Kunden zu binden, ist fast immer preiswerter und erfordert viel weniger Arbeit, als einen neuen zu gewinnen und mühsam aufzubauen.

Leider schauen viele Verkaufsleiter allein auf die Umsatzstatistik – und reagieren erst, wenn ein Kunde weniger Umsatz macht als im letzten Monat, Quartal oder Jahr. Das kann nicht ausreichen! Denn es liegt ja auf der Hand: Macht ein Kunde bereits weniger Umsatz, dann gibt er sein Geld schon woanders aus! Sensibilisieren Sie sich daher für die Anzeichen, dass ein Kunde verloren gehen könnte. Und diese Frühwarnsignale sind am besten im persönlichen Kontakt auszumachen.

Warnsignale im Kundenkontakt

Achten Sie im Kontakt mit dem Kunden besonders auf die Punkte der folgenden Checkliste. Jeder einzelne ist ein Hinweis darauf, dass der Kunde verloren gehen könnte.

Warnsignal	Ja/Nein	Gegenmaßnahme
Viele Einwände: Hat der Kunde erheblich mehr Einwände gegen Ihr Angebot als sonst? Womöglich hat er sich verstärkt mit Konkurrenzangeboten beschäftigt und hakt jetzt nach, ob Sie genauso gut sind.		
Keine Einwände: Macht der Kunde gar keine Einwände mehr? Dann droht die Gefahr, dass er innerlich schon mit Ihrem Angebot abgeschlossen hat.		
Fragen: Stellt der Kunde immer weniger Fragen – und wenn, dann vor allem kritische?		
Plötzliche Preisverhandlung: Fängt der Kunde auf einmal an, über schon lange ausgemachte Preise und Konditionen zu verhandeln? Dann liegen vielleicht preiswertere Konkurrenzangebote in seiner Schublade.		
Privater Kontakt: Redet der Kunde überhaupt nicht mehr über Privates und wirkt kühler?		
Körpersprachliche Signale: Zeigt der Kunde Signale, dass er sich im Gespräch unwohl fühlt? Achten Sie auf körpersprachliche Signale, wie zum Beispiel: Er wechselt andauernd die Sitzposition, schaut Sie wenig an, sitzt abgewendet von Ihnen ...		
Empfehlungen: Hat der Kunde aufgehört, Sie und Ihr Angebot anderen zu empfehlen? Möchte er nicht mehr als Referenz dienen?		
Kurzfristige Verträge: Möchte der Kunde plötzlich nur noch kurzfristigere Verträge festlegen bzw. kleinere Mengen abnehmen?		
Juristische Feinheiten: Diskutiert der Kunde plötzlich über juristische Formulierungen, Vertragsklauseln etc.? Dann könnte es sein, dass er schon über mögliche Streitigkeiten bei einer Trennung nachdenkt.		
Konkurrenzprodukte: Redet der Kunde häufiger über Produkte oder Angebote der Konkurrenz? Und ist es offensichtlich, dass er darüber besser Bescheid weiß als früher?		
Entscheidungsfreude: Entscheidet sich der Kunde nicht mehr so schnell wie früher?		

Warnsignal	Ja/Nein	Gegenmaßnahme
Unzufriedenheit: Ist der Kunde schnell unzufrieden und beschwert er sich schon bei an sich unwichtigen Kleinigkeiten?		
Vorwände: Bringt der Kunde Vorwände anstatt echter Einwände?		

Fazit und: Was Sie jetzt sofort tun sollten

- Überzeugen Sie durch Fachkompetenz und Branchenkenntnisse, aber auch durch Ihre Fähigkeit, eine persönliche Kundenbeziehung aufzubauen.

- Überprüfen Sie regelmäßig den Grad der Zufriedenheit Ihrer Kunden und überlegen Sie sich frische Ideen, wie Sie Ihre Bestandskunden immer wieder überraschen können – und überzeugen.

- Um Geschäfte mit Bestandskunden zur „Dauereinrichtung" zu machen, eignen sich insbesondere Kundentreffen – und die permanente Kommunikation mit Ihren Kunden „auf allen Kanälen".

- Achten Sie auf Signale, die darauf hindeuten, dass die Beziehung zum Kunden gefährdet ist – und steuern Sie rechtzeitig gegen.

„Viele Wege führen nach Rom" – und zum Kunden. Auch hier ist es wichtig, auf ungewöhnlichen Kommunikationswegen den Kontakt zu Neu- und Bestandskunden aufzubauen und aufrecht zu halten oder traditionelle Kommunikationsmittel – wie etwa das Telefon – kreativ zu nutzen.

14. Viele Wege führen nach Rom –
und zum Kunden

Erfolgreiche Verkäufer sind Macher und gerne unterwegs. Sie lieben den direkten Kundenkontakt und die Möglichkeit, jeden Tag Menschen kennen zu lernen. Die meiste Akquisitionszeit verbringen gewiss auch Sie vor Ort, beim Kunden. In den bisherigen Kapiteln haben Sie daher vor allem Hinweise erhalten, wie Sie die direkte Kommunikation zum Kunden gestalten. Aber es gibt auch andere Wege: die – oft nicht so beliebte – Arbeit am Schreibtisch, am Telefon, im Internet. Ein Sonderweg, Kunden zu akquirieren, besteht in der Teilnahme an Messen. Aber gleich, welchen Weg Sie wählen, immer kommt es darauf an, Neukunden und Bestandskunden Ungewöhnliches zu bieten.

Der Akquisiteur am Schreibtisch

Angebote schreiben – ist das für Sie eine langweilige Schreibtischarbeit? Liegt es dann nicht nahe, sich ein paar Standardtexte zu basteln und immer wieder schnell in Angebotstexte zu kopieren? Fertig ist die lästige Schreibarbeit! Doch Vorsicht: In aller Regel besteht der Kunde auf individuelle schriftliche Unterlagen, die seine spezifische Situation und seine besondere Problemstellung aufgreifen. Von Standardtexten ist also dringend abzuraten!

Denn der Ansprechpartner im Unternehmen braucht sie vielleicht, um sie seinem Vorgesetzten zu präsentieren, dem eigentlichen Entscheider. Und wenn Sie in dieser Situation nur ein lieblos gestaltetes Textbaustein-Angebot ins Rennen schicken, dann haben Sie schlechte Karten. Dann schaut der Kunde allein auf den Preis. Das Ergebnis kennen Sie: Es gibt immer einen, der billiger ist.

Im perfekten Zusammenspiel von schriftlichen Unterlagen und persönlichem Kontakt liegt ein wichtiger Schlüssel zu mehr Erfolg im Verkauf. Und daraus können Sie heute noch einen echten Wettbewerbsvorteil machen: Vollkommen lieblos gestaltete Angebote sind heute noch Standard. Denn Verkaufsmitarbeiter werden zwar in Verkaufstechnik geschult, doch die Arbeit am Schreibtisch wird häufig außen vor gelassen. So kommt es immer wieder vor, dass ein exzellenter Verkäufer gar nicht zum Zug kommt, weil sein Angebot lieblos gestaltet ist und sofort in den Papierkorb wandert. Doch das muss nicht sein: Es gibt spannende Techniken, um die Ergebnisse Ihrer Schreibtischarbeit zu optimieren.

Das Anschreiben zum Angebot

Einen Kunden gewinnen Sie letzten Endes im persönlichen Kontakt – durch gutes Beziehungsmanagement und durch gute Leistung. Doch wenn Sie mit einem schlecht gestalteten Angebot den Verkaufsprozess beginnen, dann machen Sie sich das Leben unnötig schwer. Je überzeugender Ihr Angebot geschrieben ist, desto einfacheres Spiel haben Sie im persönlichen Kontakt.

Zudem sollten Sie auch das Anschreiben zum Beziehungsaufbau nutzen: „Sehr geehrter Herr Mustermann, anbei übersende ich Ihnen, wie vereinbart, unser Angebot zu ... Mit der Bitte um freundliche Prüfung verbleibe ich ...": So oder ähnlich klingen die meisten Anschreiben zu Angeboten: lieblos, hölzern, unpersönlich. Das Anschreiben zu einem Brief ist das schriftliche Gegenstück zum Verkaufsgespräch. Nutzen Sie das Anschreiben, um die Beziehung zum Kunden zu intensivieren und Gemeinsamkeiten zu stärken. Und das gelingt Ihnen so:

➤ Greifen Sie die Aufgabenstellung des Kunden auf. Benutzen Sie dabei ruhig einen Satz wie: „Hier sind wir einer Meinung."

➤ Verwenden, ja wiederholen Sie ruhig die Worte des Kunden (selbst dann, wenn sie nicht schön sind). So signalisieren Sie ihm, dass Sie ihn verstanden haben und seine Sprache sprechen.

➤ Formulieren Sie eine Kurzvorstellung Ihrer Lösung und verknüpfen Sie sie mit den Kernpunkten aus Ihrem Angebot. So verdeutlichen Sie, dass Sie genau das Problem des Kunden lösen.

Das Angebot: keine Produkt- oder Leistungsbeschreibung ohne Kundennutzen

Machen Sie das Angebot zu etwas Besonderem: eine sachliche Aufzählung der Leistung, rechts daneben die Preise, darunter der Gesamtpreis – so sind viele Angebote gestaltet. Lassen Sie Ihre Konkurrenten es weiter so machen – Sie denken auch bei dem eigentlichen Angebotstext an Ihre Kunden. Die goldene Regel dabei: keine Produkt- oder Leistungsbeschreibung ohne Kundennutzen!

Schreiben Sie zu jeder einzelnen Leistungsbeschreibung, was der Kunde davon hat. Also statt: „Die Maschine ist dreifach lackiert", schreiben Sie: „Die Maschine ist dreifach lackiert. Dadurch sieht sie auch nach Jahren harten Einsatzes in Ihrem Unternehmen noch aus wie neu. Und Sie sparen sich die sonst üblichen Kosten für Neulackierungen nach ein bis zwei Jahren!"

Am stärksten sind solche Nutzenargumente, wenn Sie hier die Wünsche treffen, die der Kunde vorher im Vorbereitungsgespräch geäußert hat. Gehen Sie auf die individuellen Wünsche des Kunden besonders detailliert mit Nutzenargumenten ein: Wenn dem Kunden Service und Kundendienst besonders wichtig sind, schreiben Sie, wie beruhigt er durch Ihren Service sein wird.

Geben Sie dem Kind einen neuen Namen

Geben Sie Ihrem Angebot einen anderen Namen und zeigen Sie schon dadurch, dass Sie sich mehr Gedanken gemacht haben als die anderen. Taufen Sie Ihr Angebot – zum Beispiel Konzept, Vorschlag oder Idee. So lenken Sie die Aufmerksamkeit des Kunden weg vom Preis – und hin zu den inhaltlichen Lösungen, die Sie bieten. In einem „Angebot" geht es um Preise. In einem „Konzept" geht es um Lösungen. Und wenn Sie später mit dem Kunden sprechen, ist es viel wirkungsvoller, über das Konzept oder die Idee zu sprechen als über ein schnödes Angebot.

Die Bestandteile: aus zwei mach' drei

Ein Angebot besteht üblicherweise aus zwei Bestandteilen: dem Anschreiben und dem Angebotstext. Fügen Sie noch einen weiteren Bestandteil hinzu: eine Zusammenfassung am Schluss, in der die wichtigsten Vorteile Ihres „Konzepts" noch einmal aufgezählt sind. Hintergrund: Der ausführliche Angebotstext wird kaum noch überflogen, wenn Ihr Ansprechpartner im Unternehmen das Angebot „nach oben" reicht. Ihr Schlussblatt ist vor allem für diese wichtigen Entscheider gedacht. Hier sieht der Manager, der das endgültige Sagen hat, auf einen Blick, warum Sie der Richtige sind.

Profi-Tipps zur wirksamen Gestaltung

Wenn Sie ein Angebot abgeben, müssen Sie dafür sorgen, dass Ihr Angebot aus der Masse heraussticht und überzeugt – durch die Inhalte und den Text, aber auch schon äußerlich durch die Gestaltung. Deshalb hier zwei Ideen für die Gestaltung:

➤ Nutzen Sie das Querformat: Eigentlich ist es naheliegend, aber kaum ein Unternehmen nutzt in seinen Angeboten das Querformat. Fast alle geben ihr Angebot im Standard DIN A4-Hochformat ab. Doch bedenken Sie: Ihr Ansprechpartner muss Ihr Angebot einer Runde von Entscheidern präsentieren – oft mit Laptop und Beamer. Dafür ist das Querformat am besten geeignet. Es ist dann einfach besser lesbar! Außerdem sticht es schon durch die ungewöhnliche Gestaltung aus der Masse der anderen Angebote heraus und sagt durch seine Optik: „Hier ist etwas Anderes!". Versenden Sie Ihr Angebot also zusätzlich zur schriftlichen Fassung als pdf-Datei per E-Mail. Dann ist es schon reif für die Präsentation.

➤ Bauen Sie auf jeder Seite Ihres Angebots das Logo des Kunden ein. Das ist mehr als nur ein kleines Gestaltungsdetail! Das Angebot wirkt persönlicher und bereits individuell auf den Kunden zugeschnitten. Oft unbewusst entsteht so schon eine Bindung zwischen Ihnen und dem Kunden.

So gewinnen Sie den Auftrag mit dem Angebot

Stellen Sie sich vor, Sie sind im Außendienst einer Software-Firma tätig. Eine Anwaltskanzlei möchte ein neues Kanzleisystem für die Verwaltung und Archivierung aller Vorgänge einführen. Die Kanzlei fordert die Außendienstmitarbeiter A und B auf, ein Angebot dafür abzugeben. Jetzt gibt es zwei Möglichkeiten:

➤ *Möglichkeit 1:* A freut sich über die Anfrage und gibt sie zur Bearbeitung an seine Kollegen im Innendienst weiter. Die stürzen sich sofort in die Arbeit, erstellen ein genaues Konzept zur Einführung der neuen Software, feilen tagelang am Angebot. Nach einer Woche ist A sicher: „Den Auftrag habe ich in der Tasche, so viel Arbeit hat sich bestimmt kein anderer gemacht." Er schickt die Mappe mit seinem Angebot los. Und dann hört er

Turbo-Tipp: Machen Sie den Rot/Grün-Test

Hier nun ein guter Test, mit dem Sie schnell überprüfen, ob Sie den Empfänger ausreichend in den Mittelpunkt Ihres Angebots gestellt haben:

➤ Nehmen Sie den Angebotstext sowie einen roten und einen grünen Textmarker zur Hand. Mit dem grünen Textmarker streichen Sie in Ihrem Brief alle Wörter an, mit denen Sie den Leser direkt ansprechen: „Sie", „Ihr", „Ihre", den Namen des Empfängers ...

➤ Mit dem roten Textmarker streichen Sie alle Wörter an, mit denen Sie über sich selbst reden: „ich", „wir", „unser", „mein", Ihr Firmen- oder Produktnamen ...

➤ Zählen Sie dann zusammen, wie viele rote und grüne Markierungen Sie gemacht haben.

➤ Wenn Sie mehr grüne als rote Markierungen gemacht haben – Gratulation: Der Empfänger und sein Nutzen stehen im Mittelpunkt Ihres Angebots.

➤ Überwiegen die roten Markierungen, dann haben Sie im Brieftext den Leser aus den Augen verloren. Sie schreiben zu viel über sich selbst. Überarbeiten Sie den Text und fügen Sie Nutzenargumente aus der Sicht des Kunden ein. Nutzen Sie die Gelegenheit und überprüfen Sie, ob Ihre Angebote kundenorientiert und wirksam gestaltet sind.

nichts mehr. Zwei Wochen verstreichen. Schließlich ruft er an und hakt nach. Die ernüchternde Antwort: Auftrag längst vergeben!

➤ *Möglichkeit 2:* Außendienstmitarbeiter B geht anders vor. Sofort als die Aufforderung zur Angebotsabgabe eintrifft, vereinbart er einen Termin mit dem verantwortlichen Anwalt aus der Kanzlei. Der hat zwar wenig Zeit und will erst mal was Schriftliches, aber schließlich verabredet man sich doch kurzfristig zum Mittagessen. B bereitet sich gut vor und informiert sich vorab über die Branche und den Kunden. Beim gemeinsamen Essen stellt B möglichst viele Fragen und hört gut zu! Dabei erfährt er vieles über die Kanzlei, was in der Ausschreibung nicht steht. Er hört spezielle Wünsche des Kunden heraus und erfährt von Abläufen, die anders sind als in anderen Anwaltskanzleien. Das Gespräch endet damit, dass sich die beiden zu einem zweiten Termin zur Übergabe des Angebots verabreden.

➤ Während also A und seine Innendienstler im stillen Kämmerlein sitzen und feilen, kann B ein Kurzkonzept mit einem Angebot schreiben, das haargenau die Probleme der Kanzlei löst und genau auf die Wünsche des verantwortlichen Anwalts zugeschnitten ist.

Das Ende vom Lied: B hat den Auftrag schon in der Tasche, bevor die Mappe von A auf dem Postweg eintrudelt. Es reicht also nicht allein, ein gutes Angebot zu schreiben. Wichtig ist, sich über die Branche zu informieren, in der sich der Kunde aufhält, und dann dessen spezifischen Bedarf zu erkennen.

Kein Angebot ohne Nachbearbeitung

Jedes Angebot, das nicht nachbearbeitet wird, ist ein verlorenes Angebot. Planen Sie Ihre Nachbearbeitung schon von Anfang an als Teil des gesamten Prozesses ein.

Der Akquisiteur am Telefon

Die Terminvereinbarung am Telefon öffnet Ihnen das Tor zur erfolgreichen Auftragsakquisition. Ohne erfolgreiches Telefonat kein Termin.

Anrufen, wenn man nicht verkaufen will

Erfahrungswerte zeigen: Knapp 80 Prozent aller Verkäufer verfügen über ein unzureichendes Telefonmanagement – oft deswegen, weil sie erst eine Hemmschwelle überwinden müssen, bevor sie den Hörer in die Hand nehmen, um mit dem Kunden einen Beratungstermin oder ein Verkaufsgespräch zu vereinbaren. Denn sie sind zumeist eher extrovertierte und kommunikative Menschen, die die direkte Begegnung und das Gespräch von Angesicht zu Angesicht der eher anonymen Unterhaltung am Telefon vorziehen. Und wenn sie dann endlich den Telefonhörer in die Hand nehmen, sind sie zu ungeduldig.

Hinzu kommt: Bei einem Telefonat sind die Karten ungleich verteilt: Sie wissen nicht, in welcher Situation Sie den Gesprächspartner antreffen, in welcher Stimmung er ist, ob Sie ihn stören. Ihr Gesprächspartner hingegen hat die Macht, das Telefonat schnell zu beenden. Sie – als aktiver Verkäufer, der von seinem Selbstverständnis her daran gewöhnt ist, durch Fragetechnik den Gesprächsverlauf zu lenken – befinden sich am Telefon plötzlich in der Rolle des „Bittstellers", der vom Wohlwollen des Gesprächspartners abhängig ist und im schlimmsten Fall von ihm blitzschnell mundtot gemacht werden kann: nämlich durch das unbarmherzige Auflegen des Telefonhörers. Im direkten Gespräch hingegen können Sie Ihre Sprache, Ihre Körpersprache, Ihren Charme, Ihre Ausstrahlung einsetzen – im Telefonat aber sind Sie auf Ihre Stimme angewiesen.

Kommt dann noch der Druck hinzu, einen Termin vereinbaren zu müssen, weil der Umsatzdruck groß ist, wundert es nicht, wenn viele Verkäufer die Telefonate permanent auf die lange Bank schieben und eine eher distanzierte Haltung zum Akquisitionsinstrument „Telefon" aufbauen. An dieser negativen Einstellung zum Telefon können Sie aber arbeiten, indem Sie folgendes Motto zum verbindlichen Leitspruch machen: *„Ich rufe beim Kunden dann an, wenn ich NICHTS verkaufen und KEINEN Termin vereinbaren will!"*

Verkaufsgespräche am Telefon dann führen, wenn man nicht verkaufen will? Vielleicht werden Sie jetzt staunen! Aber bedenken Sie: Wer ein Weihnachtsfest bis ins letzte Detail plant, damit es auch ja ein unvergessliches Erlebnis für die Lieben wird, weiß: Dann gelingt es erst recht nicht, das heilige Fest gerät zum Familien-Desaster. Und wer unter dem Druck zum Telefonhörer greift, unbedingt einen Termin vereinbaren zu müssen, scheitert oft! Also warten Sie nicht mit Ihrem Anruf, bis es zu spät ist. Melden Sie sich kontinuierlich bei Ihren Kunden – sprechen Sie mit ihnen, halten Sie den Kontakt aufrecht und rufen Sie *nicht* an, um zu verkaufen. Zeigen Sie Interesse „an dem Menschen im Kunden".

„Sie haben doch bestimmt Zeit ..."

Üblicherweise verläuft die Terminvereinbarung am Telefon so: Der Verkäufer schätzt sich glücklich, endlich das „Hindernis Vorzimmerdame" überwunden und den Kunden an der Strippe zu haben. Nach der obligatorischen Standardfrage: „Haben Sie Zeit?" – oder schlimmer: „Sie haben doch bestimmt Zeit?" – prasseln Informationen auf den Gesprächspartner herab. Dann kommt der Verkäufer auf die Terminvereinbarung zu sprechen. Ergebnis: das „Nein" des Kunden.

Erkennen Sie sich in der Beschreibung wieder? Dann schlage ich Ihnen vor, so vorzugehen:

➤ Gewinnen Sie die Sekretärin als mächtige Verbündete auf dem Weg zur Terminvereinbarung. Sprechen Sie die Sekretärin korrekt mit ihrem Namen an: Entweder kennen Sie ihn bereits vor dem Telefonat – oder Sie erkundigen sich zu Beginn des Gesprächs: „Frau Müller? Wie lautet Ihr Vorname, bitte?"

➤ Geben Sie ehrliches Lob und Anerkennung, steigern Sie ihr Selbstwertgefühl, indem Sie sie um Hilfe bitten: „Ich möchte Ihrem Haus gerne unser neues Produkt vorstellen. Dazu interessiert mich Ihre Meinung ..."

➤ Entwickeln Sie einen zielgerichteten Leitfaden, der die wichtigsten Aspekte der telefonischen Terminvereinbarung umfasst und Sie durch das Telefonat navigiert. Diesen Leitfaden können Sie kundenspezifisch anpassen; der Leitfaden ist dabei wie ein *Hamburger* aufgebaut, der aus mehreren aufeinander aufbauenden „Schichten" besteht. Dabei kommt die *KIGWO-Formel* zum Einsatz:

• *K = „Kurz gesagt ...":* Im Mittelpunkt des Telefonats steht der Kunde – und nicht die angestrebte Terminvereinbarung. Rufen Sie den Kunden an, um herauszufinden, ob Sie ihm weiterhelfen und nützlich sein können. Beginnen Sie kurz und bündig: „**Kurz gesagt,** Herr Kunde, es geht um Folgendes ..."

• *I = Interesse wecken:* Statt Information pur folgt dann ein Interessewecker, mit dem Sie den Kunden bei seinen Problemen und Wünschen abholen. „Interessiert es Sie vielleicht, dass es nun eine Vertriebspotenzial-Analyse gibt, mit der Sie brachliegende Potenziale in Ihrem Vertrieb aufspüren können? Eine renommierte Fachzeitschrift hat jüngst darüber berichtet."

- *G = Grund des Anrufs nennen:* Jetzt nennen Sie den **G**rund Ihres Anrufs, Sie möchten dem Kunden die innovative Vertriebspotenzial-Analyse persönlich vorstellen.
- *WO = „Wann passt es Ihnen – am ... oder ...?":* Verpacken Sie die Frage nach einer Terminvereinbarung in einer Alternativfrage: „**W**ann passt es Ihnen am besten, nächste Woche – **o**der besser Ende des Monats?"

Der Doppel-Telefon-Burger

Doch was tun, wenn der Kunde trotz Ihres motivierenden Interesseweckers mit Ablehnung reagiert? Sie können sich dann verabschieden – oder überlegen, ob Sie den Telefon-Burger mit der *KISS-GO-Formel* garnieren: Nach der Kurz-gesagt-Begrüßung und dem Interessewecker folgt eine überraschende Wendung:

➤ *S =* „**S**icher denken Sie jetzt, ich will Ihnen etwas verkaufen ..."
und dann

➤ *S =* „**S**elbstverständlich möchte ich das ..."

Dann geben Sie den Grund Ihres Anrufs an und bitten um die Terminvereinbarung, gekleidet in die (Oder-)Alternativfrage. Durch die direkte und konkrete Ansprache klären Sie die Fronten – danach wissen Sie hundertprozentig Bescheid, woran Sie sind.

Professionalisieren Sie Ihr Telefonmanagement

Bei der telefonischen Akquisition sollten Sie zudem beachten:

➤ Legen Sie genau fest, was Sie bei einer „Telefonsitzung" erreichen wollen. Also etwa: „Ich will mit mindestens 15 Kunden sprechen!" – und belohnen Sie sich selbst, wenn Sie das Ziel erreicht haben! Notieren Sie, was gut gelaufen ist, und was nicht – als Erinnerungsstütze für Ihre nächste Telefonaktion.

➤ Auf keinen Fall ohne Vorbereitung einen Kunden anrufen! Jedes einzelne Telefonat muss vorbereitet und auf den jeweiligen Kunden abgestimmt sein. Wenn Sie Kunden anrufen, die

Sie bereits kennen, rufen Sie sich den letzten Kontakt, Gesprächsinhalte und seine persönlichen Vorlieben in Erinnerung.

➤ Versetzen Sie sich vor dem Anruf innerlich in die Rolle des Kunden – und fragen Sie sich dann: „Was fände ich jetzt an seiner Stelle interessant oder sympathisch?" Rufen Sie erst dann an, wenn Sie sicher sind, das Interesse des Kunden mit Ihrem Gesprächseinstieg fangen zu können.

➤ Ungestört telefonieren: Wählen Sie einen ruhigen und ungestörten Platz zum Telefonieren.

➤ Prinzip der Schriftlichkeit: Bereiten Sie das Telefonat mithilfe des Leitfadens schriftlich vor.

➤ Feedback geben: Telefonieren Sie gemeinsam mit einem Kollegen abwechselnd im selben Raum und geben sich nach dem Telefonat Feedback.

➤ Der Ton macht die Musik: Achten Sie auf deutliche Aussprache, angemessenes Sprechtempo sowie freundliches Auftreten. Denn im Klang der Stimme drücken sich Ihre Einstellung, Motivation und Stimmung aus. Telefonprofis bringen sich vor dem Telefonat in eine gute Stimmung, weil die Stimme dann heller und freundlicher klingt.

➤ Ohne Fleiß kein Preis: Nehmen Sie sich vor, in einem bestimmten Rhythmus regelmäßig das Telefon als Instrument zur zielgerichteten Terminvereinbarung zu nutzen.

Kein Telefonat mehr ohne E-Mail

E-Mail ist ein starkes Instrument, das Sie konsequent in Ihrer Akquisition nutzen sollten. Denken Sie dabei nicht nur an E-Mail-Newsletter. Ebenso wirkungsvoll ist diese Strategie, die sich auf einen einfachen Nenner bringen lässt: Kein Telefonat mehr ohne E-Mail danach. Nach jedem Telefonat, das Sie mit einem Kunden oder einem Interessenten geführt haben, schicken Sie sofort eine Verstärkungs-Mail hinterher. Mit folgenden Inhaltspunkten:

➤ Bedanken Sie sich für das Gespräch: „Schön, dass Sie sich die Zeit genommen haben, mit mir zu reden!"

➤ Bringen Sie zum Ausdruck, dass Sie die Herausforderung verstehen, vor der der Kunde steht. Benutzen Sie dabei die Worte des Kunden.

➤ Erwähnen Sie ein Referenzprojekt oder eine Erfahrung – damit zeigen Sie, dass Sie genau der Richtige für die Aufgabe sind.

➤ Nennen Sie, wenn möglich, einen Link zu Ihrer Internetseite, auf der der Kunde mehr über die Referenzen erfährt.

Der Effekt: Das Telefonat gewinnt an Bedeutung! Es besteht keine Gefahr, dass der Kunde Sie vergisst, wenn er vielleicht sofort danach mit einem Ihrer Konkurrenten spricht. Ihre Nachfass-Mail sollten Sie am besten sofort versenden, wenn Sie aufgelegt haben. Ein oder zwei Tage später ist zu spät.

Der Akquisiteur im Internet

Haben Sie schon die Internet-Diskussionsforen für Ihre Kundenansprache entdeckt? In beinahe jeder Branche und zu jedem Interessengebiet gibt es lebhafte Diskussionsforen – auch in Ihrem Bereich! Wenn Sie sich hier beteiligen, entstehen oft interessante Kontakte zu Kollegen und möglichen Kunden. Knüpfen Sie also gezielt Kontakte und bauen Sie sich mithilfe des Internet ein Netzwerk auf.

Dazu brauchen Sie sich nicht täglich an den Diskussionen in Internet-Foren zu beteiligen und andauernd Beiträge zu schreiben. Sie können sich auch als Mitleser im Hintergrund halten und die Teilnehmer gezielt per privater E-Mail anschreiben, um den direkten Kontakt aufzunehmen. Dazu gibt es in fast jedem Forum die „PM-Funktion" für private E-Mails.

Nutzen Sie zum Beispiel diese Gelegenheiten: Ein neuer Teilnehmer stellt sich vor, der als Auftraggeber oder möglicher Netzwerkpartner interessant ist. Senden Sie ihm ein „Herzliches willkommen" oder ein „Hallo" direkt per E-Mail. Hat sich der neue Teilnehmer mit einer Selbstdarstellung vorgestellt, zeigen Sie Interesse und fragen nach. Oft ergibt sich daraus ein E-Mail-Austausch, und es entstehen Möglichkeiten zur Zusammenarbeit.

Gab es im Forum eine kontroverse Diskussion, senden Sie einem Teilnehmer, der sich daran beteiligt hat, eine private E-Mail mit Ihrer Zustimmung. Er wird vielleicht dankbar sein, endlich einmal einen Gleichgesinnten gefunden zu haben, mit dem er sich austauschen kann.

Es gilt aber auch: Haben Sie sich über eine Äußerung im Forum besonders geärgert, schreiben Sie eine private Mail an diesen Teilnehmer, in dem Sie ihm widersprechen. Im privaten Rahmen wird die Diskussion schnell sachlich, und oft entsteht ein interessanter Kontakt zu einem neuen Kunden, dem Sie Ihre Lösung anbieten können.

Hat ein Teilnehmer eine für Sie interessante Information im Forum öffentlich gemacht, bedanken Sie sich mit einer privaten E-Mail persönlich bei ihm, und erzählen Sie, wie Ihnen diese Information weitergeholfen hat. Oft bekommen Sie dann noch weitere gute Infos. Oder fragen Sie gezielt danach, ob er noch weitere Tipps hat.

Sucht ein Teilnehmer im Forum nach Informationen, senden Sie ihm spezielle Tipps per privater E-Mail. Achten Sie darauf, dass Sie keine offensichtliche Werbung versenden, sondern tatsächlich Information pur – in der natürlich auch Hinweise auf Ihre Tätigkeit und Ihre Lösungen enthalten sein dürfen. Dezente Werbung ist erlaubt. Als Teilnehmer können Sie in der Regel eine Signatur unter Ihren Beiträgen erscheinen lassen. Ein dezenter Link an dieser Stelle zu Ihrer Homepage – ohne aufdringliche Werbesprüche – kann Ihnen Besucher und Kontakte bringen.

Der Akquisiteur auf der Messe

Der Messebesuch: Wann sonst haben Sie die Chance, an einem einzigen Tag so viele potenzielle Kunden an einem Ort zu treffen? Wann sonst haben Sie die Chance als Besucher derjenigen Messen, die für Ihre Kunden wichtig sind, an einem einzigen Tag 30, 40 oder gar 50 neue interessante Kontakte zu knüpfen? Und das beinahe ohne Kosten.

Der Besuch von Messen, an denen Ihre Kunden teilnehmen, kann nur zu einem Schlüsselelement Ihrer Akquisition werden, wenn Sie professionell planen und auftreten. Und wenn Sie es vermeiden, bei einer Messe als Verkäufer aufzutreten und sofort Abschlüsse zum

Ziel zu haben. Das ist von der Einstellung her zwar löblich – beim Besuch einer Messe geht das jedoch ganz schnell nach hinten los.

Übrigens: Am Ende dieses Kapitels finden Sie das Formular „Messe-Kontakt", das Sie nutzen sollten!

Besuchen Sie die richtigen Messen?

Viele Verkäufer gehen vor allem zu den Messen aus der eigenen Branche. Das ist ein Fehler, den ich bereits angesprochen habe: Gehen Sie vor allem zu den Messen, die Ihre Kunden besuchen. Beispiel: Der Außendienstler eines IT-Hauses, das sich auf Software für Handwerker spezialisiert hat, vergeudet bei der CeBIT aus verkäuferischer Sicht seine Zeit. Wenn er aber gezielt Handwerkermessen auch im regionalen Bereich ansteuert, kann er in nur sehr kurzer Zeit extrem viele mögliche Kunden kennen lernen. Fragen Sie daher Ihre vorhandenen Kunden, auf welchen Messen sie vertreten sind. Und stellen Sie diese Termine in Ihrer Messeplanung dann ganz nach oben.

Planen Sie Ihren Messebesuch

Besorgen Sie sich die entsprechenden Messeplaner bzw. Kataloge mit den Ausstellern und Standplänen und gehen Sie diese Planungsschritte:

➤ Suchen Sie die Unternehmen heraus, die für Sie als Kunde interessant sind.

➤ Ordnen Sie die Unternehmen nach Wichtigkeit für Sie in A, B und C-Kunden (A = muss ich auf jeden Fall besuchen; B = sollte ich besuchen, wenn neben den A-Kunden noch Zeit ist; C = kann ich noch besuchen, wenn ich schneller durch sein sollte).

➤ Erfahrungsgemäß schaffen Sie – je nach Messegröße – an einem Tag den Besuch von 20 bis 40 Messeständen. Planen Sie Ihren Tag so, dass Sie um die 30 Gespräche führen – etwa vier pro Stunde. Sehen Sie Regenerationspausen vor, um eine hohe Qualität Ihrer Gespräche zu gewährleisten.

➤ Planen Sie jetzt – so wie bei der Routenplanung mit dem Auto – Ihren Gang durch die Messehallen, bei dem Sie möglichst alle A-Kunden ansteuern – und dann die B-Kunden.

Die entscheidende Grundregel für Ihr Verhalten bei Messen: Führen Sie keine Verkaufsgespräche! Sie besuchen die Stände möglicher Kunden, die viel Geld dafür ausgeben, um bei der Messe selbst zu verkaufen. Ihre Ziele beim Messebesuch sind:

➤ *Minimalziel:* herausfinden, wer der Entscheider ist,
➤ *mittleres Ziel:* Entscheider kennen lernen, Small Talk, Visitenkarten tauschen, Telefonat vereinbaren und
➤ *Maximalziel:* Termin für ein Treffen nach der Messe vereinbaren.

Im entscheidenden Moment – nichts sagen!

Sie steuern den Stand des Kunden an – nehmen wir als *Beispiel* einen Neukunden: Wie verhalten Sie sich? Ganz einfach: freundlich und offen lächeln und – den Mund halten! Ja, Sie sagen einfach nichts. Sie sind schließlich und einfach der interessierte Besucher. Sie wollen bei dieser Messe nichts verkaufen! Also wird innerhalb kürzester Zeit ein Messeverkäufer auf Sie zukommen und Sie ansprechen. Das ist sein Job. Und das ist das Beste, was Ihnen passieren kann. Hat er Sie angesprochen, vielleicht sogar gefragt, ob er Ihnen helfen kann, dann hat er sich verpflichtet, Ihnen weiterzuhelfen. Jetzt können Sie nicht mehr viel falsch machen: Betreiben Sie ein wenig Small Talk, stellen Sie offene Fragen. Irgendwann wird es automatisch darum gehen, was Sie eigentlich machen. Wenn Sie danach gefragt werden, sagen Sie in einem Satz, was Sie tun. Und dann: Wenn Sie schon beim richtigen Entscheider gelandet sind, können Sie die Visitenkarten tauschen und ein Gespräch nach der Messe vereinbaren.

Wenn Sie noch nicht den richtigen Ansprechpartner gefunden haben, erfahren Sie jetzt leicht, wer der wichtige Entscheider für Sie ist. Selbst wenn der nicht auf der Messe ist, haben Sie Ihr Ziel erreicht. Sie können ihn anrufen und sagen: „Bei der Messe in ... habe ich mit Herrn Müller gesprochen, und der hat gesagt, ich sollte einmal bei Ihnen anrufen ..."

Die Nachbereitung beginnt während der Messe

Wenn Sie rund 30 Gespräche an einem Tag führen, ist es am Abend oft zu spät, um die Kontakte nachzubereiten. Dann können Sie mitunter einer Visitenkarte partout kein Gesicht mehr zuordnen. Deshalb setzen Sie sich nach jedem Gespräch kurz hin und halten auf dem Kontaktformular die wichtigsten Punkte aus dem Gespräch fest: Mit wem haben Sie gesprochen? Was gab es für Besonderheiten bei dem Gespräch? Welchen Bedarf haben Sie eventuell herausgehört? Welches Ziel haben Sie erreicht? Wann wollen Sie anrufen?

Wenn Sie keinen Termin vereinbaren konnten, rufen Sie etwa eine Woche nach der Messe an. Mit dem Kontaktformular haben Sie alle wichtigen Infos wieder präsent.

Das Kontaktformular für den Messebesuch

Ohne dieses Kontaktformular sollten Sie keine Messe besuchen. In wenigen Sekunden halten Sie hier nach jedem Gespräch die wichtigsten Daten, Erkenntnisse und Ergebnisse eine Gesprächs auf einem Blatt fest. Bei der Nachbearbeitung ist dann sofort alles Wichtige über den möglichen neuen Kunden präsent.

Fazit und: Was Sie jetzt sofort tun sollten

- Ihr Akquisitionserfolg ist nicht nur abhängig von Ihrem nutzenorientierten Verhalten im Kundengespräch. Optimieren Sie Ihre Schreibtischarbeit, insbesondere die Gestaltung des Angebots.

- Informieren Sie sich immer über die Branche und die Besonderheiten des Kunden – auch im Internet.

- Rufen Sie Kunden an, wenn Sie *nicht* verkaufen wollen. Und professionalisieren Sie Ihre Telefonakquisition.

- Nutzen Sie Messen, die Ihre Kunden besuchen, zur Kontaktaufnahme.

Die Entfaltung kontinuierlicher Akquisitions-Power ist in den heutigen schwierigen wirtschaftlichen Zeiten wichtiger denn je – wir leben in einem Verdrängungswettbewerb. Es kommt darauf an, einfach gut zu sein – und Fehler zu vermeiden. Mit einigen der Fehler, die vielleicht auch Sie begehen, und wie Sie sie vermeiden können, beschäftigt sich das Abschlusskapitel.

MESSE
kontakt

Hier Visitenkarte antackern

. . . .
Name der Messe

. . . .
Datum

Mein Ansprechpartner

☐ Wie auf Visitenkarte

☐ Name: . . . .

Wichtigkeit des Kunden:

☐ A-Kunde ☐ B-Kunde ☐ C-Kunde

Erreichte Ziele:

☐ Besuchstermin vereinbart! Datum, Uhrzeit:

. . . .

☐ Telefonat vereinbart! Datum, Uhrzeit:

. . . .

☐ Ansprechpartner herausgefunden! Name, Tel.:

. . . .

Aufgabenstellung des Kunden:

. . . .

. . . .

. . . .

. . . .

Eine Besonderheit aus dem Gespräch:
(Damit ich mich später erinnern kann)

. . . .

. . . .

. . . .

. . . .

© 2004 Intem

159

15. Wie Sie auch im Verdrängungswettbewerb Sieger bleiben

Es ist wie im Fußball: Tore entstehen, weil der Gegner einen Fehler macht, oft gewinnt die Mannschaft, der die wenigsten Fehler unterlaufen. Bei der Akquisition ist beides wichtig: gut sein und Fehler vermeiden. Fehlerquellen gibt es viele – in diesem Kapitel beschäftige ich mich mit denjenigen, die meiner Erfahrung nach sehr häufig den Akquisitionserfolg gefährden.

Was Kunden an Verkäufern stört

Politiker sind geschwätzig – Journalisten sind Lügner – Verkäufer sind ... Setzen Sie hier ruhig ein, was Ihnen in den Kopf kommt. Vorurteile gegen unseren Beruf gibt es wie Sand am Meer. Grund genug, sich Gedanken darüber zu machen, was Kunden an Verkäufern nicht mögen – und genau diese Fehler im eigenen Verhalten konsequent auszuschalten. Gehen Sie die folgende Liste typischer Verkäufer-Verhaltensweisen einmal durch, die bei Kunden schlecht ankommen, und versuchen Sie, diese Unarten zu vermeiden:

➤ *Typisch Verkäufer: „Ich war gerade in der Gegend, und ich dachte, ich schaue mal rein ..."* Unangemeldet steht der Verkäufer auf der Matte und stört den Kunden, der eigentlich überhaupt keine Zeit hat. Selbst wenn der Kunde höflich genug ist und sich ein paar Minuten Zeit für Sie nimmt – der Kunde wird sich doch darüber ärgern. *Deshalb:* Niemals ohne telefonische Anmeldung hereinplatzen.

➤ *Typisch Verkäufer: „Hier sind unsere neuen Prospekte!"* Der Verkäufer ist stolz auf all die schönen neuen Unterlagen, die von der Werbeagentur so toll gestaltet sind. Doch der Kunde wird von allen Verkäufern mit Stapeln von Informationsmaterial bombardiert. Für ihn ist es – ehrlich gesagt – oft nur lästiges Altpapier. *Deshalb:* Gehen Sie mit schriftlichem Informationsmaterial – insbesondere mit Werbeunterlagen – so sparsam wie möglich um. Gehen Sie Infomaterial nur gemeinsam durch, und zwar ausschließlich die Punkte, die für den Kunden in seiner speziellen Situation wichtig sind.

➤ *Typisch Verkäufer: Der Verkäufer meldet sich nur dann, wenn er etwas zu verkaufen hat.* Doch wenn es um Nachfragen und Betreuung geht, ist er schwer zu erreichen oder meldet sich nicht von allein. Mangelnde Betreuung und Service sind immer noch ein Hauptgrund für Unzufriedenheit von Kunden. *Deshalb:* Halten Sie den regelmäßigen Kontakt auch nach dem Abschluss oder dem Verkauf. Der Kunde hat immer Fragen, wenn er Ihr Produkt oder Ihre Leistung zum ersten Mal nutzt. Wenn Sie Antworten und Betreuung liefern, beugen Sie Unzufriedenheit vor und beseitigen Unklarheiten. Auch wenn der Kunde zu hundert Prozent zufrieden ist, ist ein Feedbackgespräch für Sie wichtig: Daraus ergeben sich immer wieder interessante Zusatzgeschäfte.

➤ *Typisch Verkäufer: Der Verkäufer drängt den Kunden zum Abschluss.* Auf allzu forsche Abschlusstechniken reagieren immer mehr Kunden mit blanker Abwehr. Viele unterschreiben nur, um der peinlichen Situation zu entkommen, und widerrufen dann, sobald sich der Verkäufer aus dem Staub gemacht hat. *Deshalb:* Trainieren Sie Techniken, in denen sich der Kunde quasi selbst zum Abschluss führt.

➤ *Typisch Verkäufer: Der Verkäufer redet Fachchinesisch, wirft mit Abkürzungen und Insider-Vokabeln nur so um sich.* Der Kunde, der vielleicht neu in seinem Job ist, fühlt sich klein und unverstanden. *Deshalb:* Passen Sie Ihre Sprache dem jeweiligen Kunden an. Hören Sie heraus, über welches Wissen und welche Erfahrungen der jeweilige Gesprächspartner verfügt und gehen Sie im Zweifel eher vorsichtig mit der Insider-Sprache Ihrer Branche um.

Akzeptieren Sie das „Nein" des Kunden nicht sofort

Als Verkäufer müssen Sie heute damit leben, dass die Kunden immer häufiger „Nein" sagen. Umso wichtiger ist es, dass Sie eine klare Strategie für den Fall einer Absage haben. Ihre Chance: Sie behalten den Kontakt – den Fuß in der Tür –, um beim nächsten Mal zum Zug zu kommen. Hier die wichtigsten Tipps, wie Sie den Fehler vermeiden, ein „Nein" bedingungslos zu akzeptieren:

➤ Nehmen Sie jede Absage als Grund, wiederzukommen Jedes „Nein" eines Kunden ist ein Anlass zu einem sofortigen Treffen! Auch wenn der Verlust eines Neugeschäfts schmerzlich ist, sind Sie jetzt in einer guten Position gegenüber dem Kunden: Denn nach der Absage ist er Ihnen etwas schuldig! Er hat (unbewusst) ein etwas schlechtes Gewissen Ihnen gegenüber – deshalb wird er Ihnen in den meisten Fällen das Treffen oder zumindest ein ausführliches Telefonat nicht verweigern.

➤ Folgende Fragen sollten Sie stellen: Nutzen Sie das Gespräch zur Analyse. Der Nein-Sager liefert Ihnen die beste Analyse darüber, wo Ihr Unternehmen oder Ihr Angebot noch Schwächen hat. Fragen Sie also konkret: „Was war der Grund für die Absage? Was müssen wir aus Ihrer Sicht besser machen?" Wenn dieses Gespräch gut verläuft, nutzen Sie die Gunst der Stunde und fragen auch: „Was könnte uns dennoch zusammenbringen?" Nicht selten kommt dadurch ein anderer Auftrag zustande.

➤ Holen Sie sich ein lebenslanges Betreuungsrecht: Vereinbaren Sie auf jeden Fall ein Feedback-Gespräch. Das geht unaufdringlich und ohne zu nerven, wenn Sie dazu einen Telefontermin vereinbaren. Zeitpunkt dieses Gesprächs: wenn der Kunde die ersten Erfahrungen mit Ihrem Konkurrenten gesammelt hat, der den Zuschlag bekommen hat. Fragen Sie den Kunden dann, wie es läuft, wie er vorankommt etc. Entscheidend dabei: Diese Fragen dürfen keinerlei negativen Unterton haben („Würde mich nicht wundern, wenn es mit denen nicht funktioniert."). Bleiben Sie positiv – nur der Kunde darf etwas Schlechtes über den Konkurrenten sagen! Vereinbaren Sie immer ein weiteres Telefonat – ein lebenslanges Betreuungsrecht sozusagen. So bekommen Sie mit, was dem Kunden aktuell wichtig ist, und steigern Ihre Chancen für das nächste Mal.

➤ Nehmen Sie jede Absage – besonders die überraschenden – als Anlass, den Verkaufsprozess intensiv zu überprüfen.

Entwickeln Sie Ihre spezielle Strategie für Einkäufer

Wenn es Ihnen gelingt, auf der menschlichen Ebene eine Beziehung aufzubauen, dann klappt es auch mit dem Verkauf. Das einzige Problem dabei: Diesen Mechanismus kennt ein guter Einkäufer auch. Deshalb lernt der gewissenhafte Einkäufer, Beziehungen zum Verkäufer zu vermeiden – um sich niemals dem Vorwurf der Vetternwirtschaft auszusetzen. Das heißt für Sie: Bleiben Sie flexibel! Wenn Sie auf einen Beziehungsverweigerer stoßen, geben Sie Ihre Techniken zum Beziehungsaufbau an der Garderobe ab! Bleiben Sie im Verkaufsgespräch bei Fakten, Fakten, Fakten! Erstaunlich dabei ist: Haben Sie den sachlichen Einkäufer auf diese Weise überzeugt, kommt plötzlich seine menschliche Seite zum Vorschein und die Beziehungsebene kommt von allein dazu.

Das ist die Grundausbildung eines jeden Einkäufers: Er hat gelernt, so lange nach einem billigeren Preis zu fragen, wie es geht. Das ist schlicht und einfach die Aufgabe eines Einkäufers. Würde er es nicht tun, würde er seinen Job schlecht machen. Der Einkäufer feilscht so lange, bis er spürt, dass nichts mehr drin ist. Und dabei ist er vielleicht ein ebenso guter Menschenkenner wie Sie: Er spürt, wann bei Ihnen noch etwas drin ist, und wann nicht. Und das heißt auf der anderen Seite: Sie als Verkäufer haben es selbst in der Hand, ob und wie lange der Einkäufer versucht, Sie nach unten zu handeln. Deshalb: Verteidigen Sie Ihren Preis – akzeptieren Sie innerlich Ihre Preise hundertprozentig als unumstößlichen Gegenwert für die Leistung, die Sie bieten. Gehen Sie mit dieser inneren Überzeugung ins Gespräch, hört der Einkäufer von allein schnell mit der Feilscherei auf.

Die allerbesten unter den Einkäufern haben fleißig Verkäuferschulungen besucht. Diese Einkäufer wissen, dass Sie als Verkäufer eine gute Beziehung zum Kunden aufbauen wollen – als solide Grundlage für das Geschäft. Der gerissene Einkäufer dreht den Spieß um.

Er plaudert eine Stunde lang auf angenehmste Art mit Ihnen über Golf, über den nächsten Urlaub oder gemeinsame Bekannte. Und kurz vor Ende des Gesprächs setzt er Sie urplötzlich unter Druck: „Jetzt verstehen wir uns einmal so gut: Wir kommen sofort ins Geschäft, wenn Sie auf diese Konditionen eingehen ..." Bleiben Sie wachsam! In dieser Situation ist die Gefahr groß, dass Sie bei all der Harmonie zu große Zugeständnisse machen! Beziehung heißt: Geben und Nehmen. Achten Sie darauf, dass sich auch der Einkäufer daran hält.

Einkäufer sind gerissene Typen. Sie haben nur ein einziges Ziel vor Augen: Sie wollen die bestmögliche Leistung für einen lächerlich niedrigen Preis von Ihnen. Haben Sie sich auch schon einmal bei solchen Gedanken ertappt? Bei dem Verdacht, dass Einkäufer einzig und allein auf die Erde kommen, um Ihnen das Leben schwer zu machen? Dann hilft ein kurzer Ausflug in die Gedankenwelt und in die Situation eines Einkäufers, um von der negativen Einstellung gegenüber Ihrem wichtigsten Gesprächspartner wegzukommen.

Also: Machen Sie nicht den Fehler, bei Einkäufern die üblichen Instrumente des Beziehungsaufbaus einzusetzen, sondern entwickeln Sie für diese Zielgruppe eine besondere Strategie. Lassen Sie sich dazu von den Einkäufern *Ihres* Unternehmens coachen. Die Einkäufer sollen offen schildern,

➤ was sie an Verkäufern mögen und was nicht,
➤ was sie in einem Verkaufsgespräch positiv anspricht,
➤ was sie sofort als Trick durchschauen,
➤ worauf sie allergisch reagieren,
➤ und was sie dazu bewegt, Vertrauen zu einem Verkäufer aufzubauen.

Aus diesen Erfahrungen und Informationen Ihrer Kollegen leiten Sie Ihre besondere Vorgehensweise bei Einkäufern ab. Überlegen Sie, wie Sie Ihre Instrumente modifizieren können, um auch hier erfolgreich zu sein.

Dieses Coaching ist für beide Seiten nützlich. Schließlich werden auch die Einkäufer aus Ihrem Haus dankbar dafür sein, wenn Sie im Gegenzug einmal aus dem Nähkästchen plaudern.

Verteidigen Sie den Preis

„Zu teuer" – viele Verkäufer machen den gravierenden Fehler, den Preis ihrer Waren und Leistungen nicht zu verteidigen. Vor allem jüngere und noch unerfahrene Verkäufer vermeiden dieses „Minengebiet", weil sie sich nicht zutrauen, dieses heikle Thema in das Verkaufsgespräch einfließen zu lassen. Zudem führt die allgemeine Tendenz zum Rabatt dazu, dass Verkäufer allzu schnell der Forderung nach einem Nachlass nachgeben. Diese allzu nachgiebige Haltung bei der Preisverhandlung hat fatale Folgen. Zum einen wird die Gewinnmarge erheblich geschmälert, zum anderen fallen die psychologischen Aspekte ins Gewicht: Der Verkäufer erweckt beim Kunden das Gefühl, er wolle ihn mit dem ersten Angebot übervorteilen. Warum sollte er so schnell den Preisnachlass gewähren, wenn dies nicht bereits bei der Preiskalkulation berücksichtigt worden ist? Hinzu kommt: Der Kunde verlässt das Geschäft in der Überzeugung: „Gut, dass ich sofort den Preis gedrückt habe. Wer das nicht tut, ist selber Schuld, denn er bezahlt mehr." Dieser Kunde wird auch beim nächsten Besuch zuallererst den Preis angreifen.

Sechs-Schritte-Strategie

Wenn auch Sie „Zu teuer!" immer häufiger in Gesprächen mit Ihren Kunden hören, dann sollte die folgende Sechs-Schritte-Strategie zum Zuge kommen. Es handelt sich um eine erprobte Vorgehensweise, die in Preisverhandlungen häufig zu diesem Ergebnis führt: Sie können Ihren Preis halten, und der Kunde verzichtet auf Nachlässe, die er ursprünglich einfordern wollte.

Schritt 1: Gelassen bleiben und genau hinhören

Wenn der Kunde am Ende des Verkaufsgesprächs sagt: „Das ist mir zu teuer!", dann reagieren viele Verkäufer mit innerlichem Ärger, mit Enttäuschung oder Wut. Schnell kommt dann eine fatale Antwort wie: „Nein, das stimmt nicht!" Nehmen Sie den Preiseinwand gelassen hin, hören Sie genau zu, was der Kunde sagen will. Nehmen Sie auch den Preiseinwand als willkommenen Einwand. Er zeigt, dass der Kunde Interesse an einem Abschluss hat – sonst würde er ja gar nicht bis zum Thema „Preis" kommen.

Schritt 2: Abfedern

Federn Sie den Einwand „zu teuer" ab – durch eine verständnisvolle Antwort, in der Sie die Beziehung aufrechterhalten. Sagen Sie zum Beispiel: „Gut, dass Sie das so offen ansprechen." Oder: „Ich sehe, Sie haben sich schon Gedanken gemacht."

Schritt 3: Womit vergleicht Ihr Kunde?

Entscheidend beim Einwand „Zu teuer" ist das Wörtchen „zu". Dahinter verbirgt sich, dass der Kunde Ihren Preis vergleicht – Sie wissen allerdings noch nicht womit. Ein Angebot der Konkurrenz ist da nur eine von vielen Möglichkeiten. Deshalb müssen Sie jetzt herausfinden, welche Vergleichsbasis der Kunde im Kopf hat, um dann gezielt Ihren Preis verteidigen zu können. Stellen Sie jetzt klar die Frage: „Im Vergleich wozu ist der Preis zu teuer?" Hier sind einige Antwortmöglichkeiten, zusammen mit Reaktionen, die Ihnen helfen, den Preis Ihres Angebots zu rechtfertigen:

Kunde vergleicht den Preis mit:	Ihre Reaktion
Angebot der Konkurrenz	Welche Bedingungen liegen diesem Angebot zugrunde? Welche Einzelheiten wurden Ihnen genannt? Was bieten sie Ihnen, wofür?
verfügbarem Geld oder Budget	Wie hoch ist Ihr Budget? Was wollten Sie ausgeben?
der angebotenen Leistung	Auf welche Leistungen könnten Sie verzichten? Welche zusätzlichen Leistungen wünschen Sie sich?
einem früheren Preis	Wann genau war dieses Angebot? Heute ist das ein sehr günstiger Preis.
der Qualität	Welche Qualität erwarten Sie? Welche Qualitätsmerkmale sind Ihnen besonders wichtig?

Schritt 4: Den Einwand richtig behandeln

Passen Sie auf, wie Sie die Einwände des Kunden an dieser Stelle richtig behandeln! Eine der beliebtesten Techniken zur Behandlung von Einwänden ist die so genannte „Ja, aber-Technik". Doch sie ist die am wenigsten erfolgreiche! Das „aber" in einer Antwort wie „Ja, aber die ganzen Vorzüge rechtfertigen den Preis!" wirkt wie ein Stoß vor den Kopf des Kunden.

Deshalb: Nutzen Sie andere Techniken. Hier sind drei Beispiele:

➤ *Ja, und-Technik:* „Ja, das Produkt ist nicht billig, und dennoch entscheiden sich die meisten Käufer für unser Produkt. Warum glauben Sie, ist das so?"

➤ *Ausgleichstechnik:* „Wenn Sie den Preis isoliert betrachten, könnte er Ihnen hoch erscheinen. Doch der echte Preis zeigt sich erst beim Gebrauch ..."

➤ *Bumerangmethode:* „Ja, Sie haben Recht. Unsere Dienstleistung ist alles andere als billig und gerade deshalb sollten Sie kaufen. Unsere Kunden kaufen jedes Jahr 12 000 Stück, das sind in zehn Jahren insgesamt bisher 120 000 Stück. Glauben Sie mir: Wir hätten seit Jahren nicht so großen Erfolg, wenn unser Produkt sein Geld nicht wert wäre."

Schritt 5: Nutzen bringen

In diesem Stadium argumentieren Sie noch einmal mit dem Nutzen Ihres Produkts oder Ihrer Dienstleistung. Wichtig dabei: Stellen Sie den Nutzen mit den Worten des Kunden dar. Im Verlauf des vorangegangenen Gesprächs haben Sie erfahren, was der Kunde an dem Produkt oder der Dienstleistung gut findet und was er speziell davon erwartet. Stellen Sie den Nutzen aus genau dieser individuellen Sicht des Kunden dar!

Schritt 6: Absichern

Haben Sie auf diese Weise Ihren Preis erfolgreich verteidigt, dann stellen Sie die Kontrollfrage: „Ist das Angebot jetzt in Ihrem Sinne?" So finden Sie heraus, ob der Kunde den Preis jetzt wirklich akzeptiert. Achten Sie in diesem Moment auf Untertöne, auch wenn der Kunde mit „Ja" antwortet.

Turbo-Tipp: Wenn schon feilschen, dann richtig

Ihre Devise ist immer: Verteidigen Sie Ihre Preise! Der schlimmste Fehler ist, zu schnell aufzugeben. Einen Nachlass zu geben, sollte nur die allerletzte Möglichkeit sein. Und wenn, dann verlangen Sie auch ein Entgegenkommen des Kunden: Gehen Sie nur mit dem Preis herunter, wenn der Kunde dafür auf eine Leistung verzichtet. Wenn Sie sich dann doch in einer Situation der „Feilscherei" befinden, dann befolgen Sie die Regel: *Nie den ersten Schritt machen!*

Die klassische Situation: Sie haben ein Angebot abgegeben oder Ihren Preis auf den Tisch gelegt. Der Kunde findet das „viiiiel zu teuer". Jetzt gibt es zwei Möglichkeiten: Entweder machen Sie den ersten Schritt und geben ein niedrigeres Angebot ab. Oder der Kunde sagt, wie viel er zahlen will. Jeder sagt eine Summe und dann trifft man sich in der Mitte. Wenn Sie von sich aus sofort ein zweites, niedrigeres Angebot abgeben, bringen Sie sich bei diesem Spiel in die schlechtere Ausgangsposition: Sie setzen die Summe, über die verhandelt wird, ohne Not nach unten. Das wird klar, wenn man beide Fälle einmal durchspielt:

Falsch: Sie machen den ersten Schritt Ihr Angebot: 4 000 €:
➤ Kunde: Zu teuer!
➤ Sie: Okay, dann eben 3 750 €.
➤ Kunde: 3 500 €.
➤ Sie: Dann treffen wir uns in der Mitte: 3 625 €.
➤ Kunde: Okay.

Richtig: Der Auftraggeber macht den ersten Schritt:
➤ Ihr Angebot: 4 000 €.
➤ Kunde: Zu teuer!
➤ Sie: Dann machen Sie einen Vorschlag.
➤ Kunde: 3 500 €.
➤ Sie: Dann treffen wir uns in der Mitte: 3 750 €.
➤ Kunde: Okay.

Dieses Beispiel ist natürlich stark vereinfacht, macht aber den Mechanismus deutlich, den Sie auslösen, wenn Sie den ersten Schritt machen würden.

Vergessen Sie nicht die Weiterempfehlung

Der Kunde hat unterschrieben, der Abschluss ist unter Dach und Fach. Ende der Veranstaltung? Nein – die Bitte um Weiterempfehlung fehlt noch! Vermeiden Sie den Fehler, die Bitte um eine Weiterempfehlung nicht auszusprechen – auch dann, wenn es zu keinem Abschluss gekommen ist.

In der heißen Phase des Verkaufsgesprächs befinden sich der Kunde und Sie in einer emotional belastenden Situation: Sie hoffen auf und bangen um den Abschluss, der Kunde denkt ans liebe Geld und wägt noch einmal alle Vor- und Nachteile ab. Ist der Abschluss gelungen, kann es passieren, dass Sie ins andere Gefühlsextrem geraten: Sie freuen sich über den positiven Ausgang des Gesprächs. Wahrscheinlich ist es diese psychologisch schwierige Situation, die dazu führt, dass Sie dann oft schlicht und einfach nicht daran denken, die Weiterempfehlung anzusprechen. Hinzu kommt: Viele Verkäufer glauben, einen Kunden, dem sie etwas verkauft haben, mit der Bitte um Weiterempfehlung zu nerven. Zudem fehlt in gängigen Leitfäden zum optimalen Verlauf eines Verkaufsgesprächs der Hinweis auf die Tatsache: „Nach dem Abschluss ist vor dem Abschluss – die Referenz nicht vergessen!"

Sensibilisieren Sie sich also für die Bedeutung der Weiterempfehlung. Deren Notwendigkeit liegt auf der Hand: Kundenzufriedenheit ist die beste Werbung, die zudem nichts kostet. Ein Kunde, der sich als „Werbechef" im Bekanntenkreis positiv über Ihr Unternehmen, Ihr Produkt, Ihre Dienstleistung oder Sie selbst äußert, ist Gold wert. Und so machen Sie die Bitte um Weiterempfehlung zum Standard:

➤ *Ist-Zustand feststellen*: Überlegen Sie, wie Sie bisher vorgegangen sind. Haben Sie sich überhaupt um eine Weiterempfehlung bemüht?

➤ *Strategien entwickeln*: Der Abschluss darf nicht der Schlussstein Ihres Verkaufsgesprächs sein. Ihr Hauptziel ist vielmehr der Aufbau einer langfristig wirksamen Kundenbeziehung, die die aktive Weiterempfehlung einschließt: Denn wem man vertraut, den empfiehlt man guten Gewissens weiter. Wenden Sie die Methoden des Beziehungsmanagements an: Betreten Sie die

Welt des Kunden, entdecken Sie Gemeinsamkeiten, bauen Sie ein emotional geprägtes Vertrauensverhältnis zum Kunden auf. Ist die vertrauensvolle Beziehung erst einmal vorhanden, kommt der Kunde der Bitte um Weiterempfehlung vielleicht sogar mit Vergnügen nach: „Für Sie, lieber Herr Verkäufer, tue ich das sehr gerne!"

➤ Betrachten Sie den Kunden vor allem als Partner, dem Sie Achtung und Respekt zollen und mithilfe Ihres Angebotes einen höchstmöglichen Nutzen oder eine Problemlösung bieten. Eine ehrliche Beratung sowie ein glaubwürdiges und authentisches Verhalten stellen in Krisenzeiten, in denen häufig mit Hard-Selling-Methoden gearbeitet wird, Wettbewerbsvorteile dar. Kommt der Abschluss zu Stande, gratulieren Sie dem Kunden zu seiner Entscheidung und bringen die Möglichkeit der Weiterempfehlung ins Gespräch. Und selbst wenn der Kundenkontakt ohne Abschluss bleibt, besteht die Möglichkeit auf Weiterempfehlung. Nämlich dann, wenn Sie durch Freundlichkeit dafür sorgen, dass der Kunde das Gespräch in guter Erinnerung behält, und ihn trotzdem intensiv betreuen. Denn es gibt immer eine zweite Chance.

➤ Überlegen Sie, mithilfe welcher konkreten Formulierungen Sie die Bitte nach einer Weiterempfehlung vortragen. Die Standardformulierungen können Sie dann situations- und kundenangemessen einsetzen und variieren.

Nutzen Sie zudem jede Gelegenheit, um Weiterempfehlungen für Ihre Kunden leichter zu machen – auch außerhalb des Kundengesprächs. Senden Sie zum Beispiel einen Brief an Ihren Kunden – etwa ein Dankesschreiben nach einem Kauf. In den Brief stecken Sie drei Ihrer Visitenkarten und schreiben ins PS: „Anbei auch ein paar Visitenkarten, wenn Sie meine Dienste weiterempfehlen möchten. Herzlichen Dank dafür!"

Fazit und: Was Sie jetzt sofort tun sollten

- Vermeiden Sie die typischen „Verkäuferfehler", die oft genug zum schlechten Image der Zunft beitragen.

- Nehmen Sie jedes „Nein" des Kunden als Anlass, Ihre Verkaufsprozesse zu überprüfen. Knüpfen Sie an das „Nein" sofort eine Strategie an, den nächsten Kontakt mit dem „Nein-Sager" vorzubereiten.

- Entwickeln Sie eine spezielle Strategie, um die Einkäufer positiv zu überraschen und zu überzeugen.

- Glauben Sie an Ihre Preise und verteidigen Sie sie mit der Sechs-Schritte-Strategie.

- Und nicht vergessen: die Bitte um Weiterempfehlung!

16. Akquisition der Zukunft: *Der* Kunde ist abgeschafft – es gibt nur noch *die* Kunden

Verkäufer haben die Verpflichtung zum vorausschauenden strategischen Weitblick: Wohin entwickeln sich Vertrieb und Verkauf – und damit die Akquisition? Welche Trends sind zu erwarten, welche lassen sich bereits jetzt erkennen? Und was bedeutet dies konkret für die Akquisitionsgespräche mit dem Kunden? Im Folgenden erleben Sie, wie Sie aktuellen und künftigen Trends angemessen begegnen können. Damit dies gelingt, müssen Sie sich zudem zu einem Lösungsfinder entwickeln, der sich darauf konzentriert, so genannte Erfolg produzierende Aktivitäten (EpA) in den Mittelpunkt seines Denkens und Handelns zu stellen.

Wie Sie auf Akquisitionstrends richtig reagieren

Hard-Selling, Soft-Selling, Love-Selling, Team-Selling, Piranha-Selling oder Power-Selling: PR-Abteilungen und Öffentlichkeitsarbeiten überbieten sich geradezu in der Kreation neuer Akquisitions- und Verkaufsstile, die aus dem großen Kuchen „Akquisition & Verkauf" immer nur einen kleinen Ausschnitt wählen. Da wird mit „Liebe" verkauft, da wird der harte Abschluss um jeden Preis gesucht, da geht das Team bei der Akquisition gemeinsam vor, da wird eine vertrauensvolle Akquisitionsbeziehung zum Kunden aufgebaut, da soll der Piranha-Verkäufer Biss und Begeisterung an den Tag legen.

Den Kunden gibt es nicht

Alles richtig, alles gut – denn es führen viele Wege zum Kunden. Die Vielzahl der Methoden verdeckt jedoch die Tatsache, dass es *den* Kunden nicht gibt – und es darum nicht genügt, eine oder zwei der Methoden anzuwenden. Der Verkäufer – also Sie – muss sie vielmehr alle beherrschen, denn:

➤ Der beziehungsorientierte Kunde wird auf der Beziehungsebene angesprochen, mit dem Willen zum Vertrauensaufbau.

➤ Über den engagierten und begeisternden Verkäufer freut sich wohl jeder Kunde – wobei so mancher überdies durch Zahlen, Daten, Fakten überzeugt werden will.

➤ Aber wer kennt nicht Kunden, die zu Beginn des Verkaufsgesprächs am vertrauensvollen Beziehungsaufbau interessiert sind, aber in der Argumentations- und Abschlussphase urplötzlich zum „harten Hund" mutieren?

Das heißt: Sie sollten auf jeden Fall in der Lage sein, blitzschnell in den anderen Akquisitions- und Verkaufsstil zu wechseln – falls notwendig, bei ein und demselben Kunden! Das Akquisitionsgeschäft ist so bunt wie ein Kaleidoskop, die allein selig machende Verkaufsmethode gibt es nicht. Es gibt immer nur den individuellen Weg zum individuellen Kunden. Sie dürfen nicht allein nur Hard-Seller oder Soft-Seller oder Power-Seller oder Love-Seller sein. Je nachdem, mit welchem Menschen Sie es zu tun haben, muss der entsprechende Verkaufsstil zum Einsatz kommen.

Diese Flexibilität erfordert mehr denn je von Ihnen den Willen und die Bereitschaft, sich permanent fortzubilden. Gleichen Sie Ihr Qualifikationsprofil mit dem Anforderungsprofil des Top-Akquisiteurs ab. Entdecken Sie Ihre Kompetenzlücken, und ergreifen Sie auch eigeninitiativ die Maßnahmen, die helfen, diese Lücken zu schließen.

Im Trend-Meeting die richtigen Fragen stellen

Wichtig ist, dass Sie über ein breites Set an Akquisitions- und Verkaufsstrategien verfügen und die entsprechenden Techniken situations- und kundenbezogen einsetzen können. Bei all den genannten Selling-Methoden stehen die *falschen Fragen* im Mittelpunkt: Wie akquiriere und verkaufe ich am besten? Welche Methode verspricht am ehesten Erfolg? Die *richtigen Fragen* rücken den Kunden selbst in den Fokus:

➤ Was wollen die Kunden?
➤ Wie ticken sie?
➤ In welche Richtung verändern sich ihre Wünsche, Einstellungen und Erwartungen?

Wenn Sie diese Fragen geklärt haben, können Sie sich immer noch überlegen, ob für bestimmte Kundengruppen ein Verkaufsstil besser geeignet ist als ein anderer. Verabschieden Sie sich also von der Eindimensionalität eines Stils – das wird der Realität nicht gerecht. Fragen Sie sich ganz altmodisch, was Ihre Kunden überhaupt wollen.

Dazu eignet sich ein Trend-Meeting, in dem Sie mit Ihren Kollegen und dem Vertriebsleiter die beobachteten Trends und die Konsequenzen für die Kundenbeziehungen besprechen. Nach meiner Beobachtung sind dies vor allem die folgenden sechs Trends:

Trend 1: „Ich will (wieder) Service!"

Einer der bedeutendsten Trends der nächsten Jahre lautet: Es gibt keine Produkte mehr, nur noch Dienstleistungen und Communities. Die gute Nachricht dabei: Die „Geiz ist geil"-Mentalität befindet sich auf dem absteigenden Ast. Der fatale Preiskampf hat dazu geführt, dass der Kunde den Billigheimer, der gut für den Geldbeutel sein mag, aber tödlich für den Kundenservice ist, nicht mehr will und nach Top-Service geradezu giert.

Praxistipps zu Trend 1

- Überlegen Sie gemeinsam mit Ihren Kollegen, wie Sie wieder mehr Serviceleistungen bieten können.

- Schnüren Sie einen begeisternden Servicestrauß – dann haben Sie im Akquisitionsgespräch die große Auswahl, welche Serviceblume Sie überreichen wollen.

- Differenzieren Sie sich vom Wettbewerb, indem Sie die Billigheimer-Mentalität endgültig außen vor lassen und in der Dienstleistungswüste Deutschland Serviceoasen kreieren.

Trend 2: „Ich will Spaß – aber mit Ernst!"

Kunden verabscheuen langatmige Powerpoint-Präsentationen. Das Akquisitionsgespräch soll als Event aufgezogen sein – und erst recht das Verkaufsgespräch. Sie steigern die Aufmerksamkeit Ihres Kunden, wenn Sie die Gefühls- und die Verstandesebene gleichermaßen ansprechen, Verkaufsgespräche wo immer möglich emotionalisieren – und so die Behaltenswahrscheinlichkeit erhöhen. Ihre Produkte und Dienstleistungen bleiben im Gedächtnis haften, wenn Sie bei der Präsentation alle Sinne des Kunden ansprechen.

Praxistipps zu Trend 2

- Achtung: Aus Spaß muss Ernst werden – es genügt nicht, mit farbigen Unterlagen zu arbeiten, ein wenig Storytelling zu integrieren und den emotionalen Verkauf mit dem Spaßfaktor zu kombinieren.

- Die seriöse Nutzendarstellung und der glaubwürdige Nachweis des Return of Investment müssen hinzukommen.

- Finden Sie bei der Vorbereitung der Akquisitionsphase den goldenen Mittelweg zwischen unterhaltsam-motivierendem Eventcharaker und informativer Faktendarstellung.

Trend 3: „Ich bin dann mal weg!"

Sehen Sie sich einmal in Ruhe Ihre Kundenbindungszeiten an. Seit wann sind Ihre Stammkunden mit dabei? Wahrscheinlich werden Sie feststellen: Immer mehr Menschen kennen das Wort Markentreue nicht einmal mehr und sagen: „Ich bin dann mal weg!" Im Unterschied zu Hape Kerkeling leider für immer. Mit Kundentreue allein aufgrund der Qualität Ihres Produkts können Sie nicht mehr rechnen.

Praxistipps zu Trend 3

- Der nächste Punkt auf Ihrer Trend-Meeting-Agenda lautet: Welche Folgen hat es, dass Sie sich immer weniger auf Ihre Kunden verlassen können?
- Müssen Sie überlegen, wie Sie Ihre vorhandenen Kunden aufs Neue gewinnen – jeden Tag, jede Woche, jeden Monat?
- Überraschen Sie Ihre Stammkunden alle Jahre wieder mit neuen Problemlösungen, begeisternden Serviceideen, kreativen Verbesserungsvorschlägen und innovativen Produkten.
- Ihre Stammkunden verdienen ebenso viel Aufmerksamkeit wie Ihre wichtigen Neukunden. Und manchmal sogar mehr!

Trend 4: „Ich bin ein Kunde – holt mich hier raus!"

Kennen Sie jene dunklen und labyrinthartigen Discounter, Elektro- und Möbelmärkte, in denen sich nur das Portemonnaie freut, Sie aber heilfroh sind, da endlich raus zu sein? „Ich bin ein Kunde – holt mich hier raus!" Wer heute mehr ausgibt, möchte dafür ein Stück Lebensqualität, Bequemlichkeit oder Wohlfühlatmosphäre gewinnen.

Ein *Beispiel:* In Metropolen wie London sind Läden erfolgreich, die eine einzigartige Erlebnis- und Wohlfühlatmosphäre verbreiten. So das „Coco Ribbon", eine Luxus- und Lifestyle-Boutique, die im Boudoir-Stil eingerichtet ist: „wie das Schlafzimmer der besten Freundin ... ein Platz, den man nicht mehr verlassen möchte", so heißt es in der Zeitschrift Vogue.

Praxistipps zu Trend 4

● Kunden müssen und wollen sich wohlfühlen. Was genau heißt das? Sich wohlfühlen ist eine höchst individuelle Angelegenheit – darum fragen Sie sich: Was muss passieren, damit *Sie* sich wohl fühlen? Übertragen Sie diese Erkenntnisse auf Ihre Kunden.

● Ab sofort versuchen Sie, häufiger aus der Standardumgebung für Ihre Akquisitions- und Verkaufsgespräche auszubrechen. Raus aus dem Büro des Kunden – rein ins Szene-Café oder In-Lokal, je nach Kundentypus.

Trend 5: „Ich will ein gutes Gewissen haben!"

Klimawandel, Hungersnöte, Folgen der Globalisierung – der moderne Konsument lebt mit einem schlechten Gewissen, von dem er sich durch bewusste Kaufentscheidungen befreien möchte. Er schaut mehr und mehr darauf, wie das Unternehmen, bei dem er kauft, seiner Verantwortung gerecht wird. Unternehmen fragen sich darum, wie sie „Gutes tun" können. Dafür gibt es schon einen neuen Begriff, nämlich „Corporate Social Responsibility": „Gutes tun – und so daran verdienen", so das Motto.

Das ist schade, denn durch die marketingtechnische Besetzung des Begriffs wird der Konsument gleich wieder verschreckt. Schon ist eine Gegenbewegung zu beobachten: „Dieses Unternehmen engagiert sich nur sozial und verhält sich ethisch korrekt, um mir wieder oder noch mehr Geld aus der Tasche zu ziehen." Das bedeutet:

➤ Falls Ihr Unternehmen sich ethisch engagiert, müssen Sie dies in Ihren Akquisitions- und Verkaufsgesprächen glaubhaft kommunizieren, am besten durch praktische und nachweisbare Fallbeispiele. Belegen Sie, dass Ihr Unternehmen und Sie die Verpflichtung zur gesellschaftlichen Verantwortung ernst nehmen.

➤ Zudem müssen Sie genau wissen, welche ökologischen, gesellschaftlichen oder ethischen Werte Ihren Kunden wichtig sind und diese Werte im Gespräch thematisieren. Nutzen Sie jede Gelegenheit, um zu zeigen: Verkäufer, Unternehmen und Kunden haben dieselbe (ethische) Wellenlänge.

Praxistipp zu Trend 5

• Bei diesem Trend handelt es sich um eine gesellschaftliche Entwicklung, der Sie nicht mit rasch umsetzbaren Tipps begegnen können. Diskutieren Sie – nicht nur im Kollegenkreis, sondern auch mit Vorgesetzten, Freunden und Bekannten –, welche grundsätzlichen Entwicklungen zu beobachten sind.

Trend 6: „Hier bin ich zu Hause"

Alle Welt redet von der Globalisierung – dabei wird eine gegenläufige Entwicklung übersehen: nämlich die zur Regionalisierung. Ist auch Ihnen der Rückbezug auf die eigene Region wichtig, auf die Nachbarschaft, auf die eigene Stadt?

Schon seit Jahren nehmen gesundheitsbewusste Kunden große Mühen auf sich, um etwa Produkte aus der eigenen Region zu kaufen. In den nächsten Jahren wird die Rückbesinnung auf das, was vor der eigenen Haustür passiert, eine neue Dimension erhalten.

Praxistipps zu Trend 6

• Fragen Sie sich im Trend-Meeting, ob auch Ihr Unternehmen diese Verwurzelung in der Region belegen kann.

• Und wenn Ihr Unternehmen regionale Produkte verwendet oder die regionale Kultur unterstützt, sollten Sie dies im Kundengespräch kommunizieren und als Argument nutzen.

Decken sich Ihre Erfahrungen mit den hier dargestellten Beobachtungen? Oder sehen Sie die Kunden-Zukunft anders? Die genannten Trends sind wahrlich nicht die einzigen, die die Zukunft der Akquisition und des Verkaufs bestimmen werden. Nutzen Sie das Trend-Meeting, um gemeinsam mit dem Verkaufsteam in eine Trend-Diskussion einzusteigen. Ziehen Sie auch den Innendienst hinzu, um die Perspektive um eine weitere Dimension zu erweitern.

Konzentrieren Sie sich als Lösungsfinder auf erfolgsproduzierende Aktivitäten

Im elften Kapitel haben Sie erfahren, wie Sie sich selbst motivieren können, indem Sie sich auf „ertragsproduzierende Aktivitäten" konzentrieren, also auf Aktionen, die zum einen relativ schnell zum (Ertrags-)Erfolg führen und zum anderen helfen, neues Selbstbewusstsein zu tanken.

Mittlerweile habe ich diese Technik zu einer Erfolgsmethode ausgebaut, die Sie vor allem dabei unterstützt, den genannten Trends nicht nur strategisch angemessen zu begegnen, sondern Ihnen auch ganz konkret im täglichen Akquisitions- und Verkaufsgeschäft weiterhilft. Ich nenne diese Methode die EpA-Methode – sie führt Sie zu Ihren Erfolg produzierenden Aktivitäten.

Lösungen finden und nicht Probleme suchen

„Ich bin von morgens bis abends unterwegs, jage von Akquisitionstermin zu Akquisitionstermin, sitze stundenlang am Telefon, um Termine zu vereinbaren, und schreibe ein Angebot nach dem anderen. Trotzdem, die Ergebnisse sind äußerst unbefriedigend." – Erkennen Sie sich in einer dieser Beschreibungen wieder?

Woran mag es liegen? Ein Erklärungsansatz liegt in der Unterscheidung zwischen Problemsucher und Lösungsfinder. Was heißt das?

➤ Sind Sie ein Lösungsfinder, der ein Problem selbstbewusst und beherzt als Herausforderung annimmt, Zukunft aktiv gestalten will und das Unmögliche versuchen möchte, um das Mögliche zu erreichen?

➤ Oder sind Sie ein Problemsucher, der – sowohl beruflich als auch privat – genügend Gründe findet, ein Vorhaben dann doch nicht zu verwirklichen? Der lieber den Kopf in den Sand steckt und nach dem Motto der drei Affen – nichts hören, nichts sehen, nichts sagen – das Problem verdrängt? Ein solches Verhalten erinnert an eine Erzählung von Wolfdietrich Schnurre, in der ein Familienvater einfach keine Zeitung mehr liest, um sich vor all den schlimmen Nachrichten zu schützen. Er weiß nichts von dem Problem – also existiert es auch nicht!

Vielleicht waren Sie auch schon einmal mit einer Herausforderung konfrontiert, bei der Sie voller Vorfreude und Engagement an die Lösung herangegangen sind: „Das Problem werde ich schon knacken!" Vielleicht am nächsten Tag schon sind Sie aber bei einer anderen Aufgabe verzagt und ängstlich: Die Problemorientierung verstellt Ihnen den freien Blick über den Tellerrand hinaus, auf die Lösung. Es ist wie bei Goethe: „Zwei Seelen wohnen, ach! In meiner Brust": Beides ist in uns, beides ist in Ihnen angelegt – Problemorientierung und Lösungsorientierung.

Auf das Wesentliche konzentrieren und Chancen nutzen

Die Frage ist, wie Sie es schaffen, möglichst oft das „Jammertal" hinter sich zu lassen, sich also nicht auf die Energie verschwendende Problemsuche zu konzentrieren, sondern auf die produktive Problemlösung, auf das Wesentliche. Verschwenden Sie nicht Ihre kostbare Zeit mit wenig ergiebigen Maßnahmen. Gehen Sie effektiv und effizient zugleich vor: Tun Sie das Richtige – und das richtig und mit aller Konsequenz.

Dabei geht es nicht um ein plattes positives Denken. Die rosarote Brille aufzusetzen hilft bei einer Problemlösung ebenso wenig weiter wie die Schwarz-Weiß-Malerei.

Überlegen Sie doch bitte einmal, wie oft in Ihrem Akquisitionsalltag der jammernde Problemsucher in Ihnen die Führung übernimmt – und wie oft der handelnde Lösungsfinder. Wie oft beklagen Sie sich, dass der Kunde immer schwieriger wird und der Markt immer weniger hergibt? Und wie oft beschäftigen Sie sich kreativ mit Lösungsvorschlägen und deren aktiver Umsetzung?

Der Unterschied zwischen dem Problemsucher und dem Lösungsfinder ist, dass dieselben Ergebnisse unterschiedlich bewertet werden:

➤ Der Problemsucher sieht die Schwierigkeit, einen neuen Absatzmarkt zu erobern, der Lösungsfinder die Chance, Umsatz und Gewinn zu steigern.

➤ Der Problemsucher sieht den ungeschlagenen Weltranglisten-Ersten auf der anderen Seite des Tennisplatzes, der Lösungsfinder die Herausforderung, den Gegner heute zum ersten Mal besiegen zu können.

➤ Der Problemsucher verbringt viele Stunden am Schreibtisch und feilt an der stilistischen Brillanz seines Angebots. Alles muss tipptopp und perfekt sein. Darum zögert er es gerne hinaus, das Angebot endlich zu verschicken, denn natürlich gibt es immer noch etwas zu verbessern – eine Grafik einbauen, einen Satz ändern. Dabei geht oft wertvolle Zeit verloren – in der der handlungsorientierte Lösungsfinder das Angebot, das vielleicht nicht so perfekt ist wie das des Problemsuchers, längst zum Briefkasten gebracht hat. „Lieber unvollkommen beginnen als perfekt zögern", so sein Motto.

Entscheiden Sie hier und jetzt, zu welchem Typus Sie gehören wollen. Wenn Sie zum Typus „Lösungsfinder" gehören, werden Sie sich auf das Wesentliche konzentrieren und quasi automatisch mit Herz und Verstand Ihren erfolgsproduzierenden Aktivitäten auf die Spur kommen wollen.

Turbo-Tipp

* Das Angebot rasch verschicken – das allein ist natürlich noch keine erfolgsproduzierende Aktivität. Die entsteht, wenn Sie Ihr Glück und Ihren Erfolg in die eigenen Hände nehmen – und nachfassen. „Wollen wir doch mal schauen, was der Kunde von dem Angebot hält."

* Voller Freude und Elan rufen Sie beim Kunden an – vielleicht können Sie Einzelpunkte des Angebots erläutern, wahrscheinlich hat der Kunde Fragen, bestimmt benötigt er weitere Infos.

Stellen Sie Ihre 20-Prozent-Bereiche fest

Nutzen Sie das Pareto-Prinzip, um Ihre EpAs ausfindig zu machen, also diejenigen Bereiche, in denen Sie mit hoher Wahrscheinlichkeit zu einem schnellen Erfolg kommen können. Hierauf sollten Sie Ihre Kräfte und Ihre Ressourcen konzentrieren.

Die 20/80-Regel weist bekanntlich auf die Verhältnismäßigkeit zwischen Aufwand und Ergebnis hin:

➤ 20 Prozent der Kunden erzeugen 80 Prozent des Umsatzes, 80 Prozent der Kunden erzeugen 20 Prozent des Umsatzes.

➤ 20 Prozent der Kundenkontakte bringen 80 Prozent des Erfolgs, 80 Prozent der Kundenkontakte bringen 20 Prozent des Erfolgs.

Wo liegen bei Ihnen jene „20 Prozent Aufwand und Aktivitäten", die Ihnen das beste Ergebnis und den größten Erfolg bringen? Welche wesentlichen Handlungen führen dazu, den 20-Prozent-Gewinnbringern auf die Spur zu kommen?

Erfolgsproduzierende Aktivitäten setzen sich aus drei Komponenten zusammen:

➤ E wie Erfolg
➤ P wie Produzieren
➤ A wie Aktivität

Definieren Sie Erfolg: Da ist zunächst einmal der Begriff „Erfolg": Legen Sie fest, diskutieren Sie im Team, was Erfolg für Sie, Ihre Vertriebsabteilung und Ihre Kollegen bedeutet. Das können, müssen aber nicht nur quantitative Ziele sein: mehr Ertrag, höherer Gewinn, mehr Abschlüsse, mehr Terminvereinbarungen, mehr Telefonate im Rahmen der Kaltakquisition. Es können auch qualitative Ziele sein: Verbesserung der Kundenzufriedenheit, Optimierung des Betriebsklimas, Stärkung des Teamgedankens, Steigerung des Qualitätsbewusstseins

Die Ziele können sich auf der Zeitachse verschieben, mithin wechseln – heute steht die Ertragssteigerung im Mittelpunkt, morgen die Steigerung des Qualitätsbewusstseins.

Produzieren Sie messbare Ergebnisse: Die Aktivitäten müssen zu möglichst messbaren Ergebnissen führen. Der Lösungsfinder will immer wissen, wie nahe er dem Ziel ist. Darum: Analysieren Sie, wie Sie Erfolge messen können – beim Ertrag ist dies einfacher als bei der Steigerung des Qualitätsbewusstseins.

Planen und führen Sie konkrete Aktivitäten durch: Welche Aktivitäten sind es, die zu den messbaren Erfolgen führen? Die Beantwortung dieser Frage steht im Mittelpunkt. Wichtig dabei: Bei den EpAs handelt es sich um Verkaufs- und Akquisitionsaktivitäten, die mit hoher Wahrscheinlichkeit einen raschen Ertrag versprechen. Wenn Sie bei Kunden, die Interesse an Ihren Produkten oder Dienstleistungen gezeigt haben, konsequent, energisch und mit Elan nachfassen und zudem abschlussorientiert vorgehen, so ist das eine EpA. Weitere *Beispiele:*

➤ Sie schreiben Angebote für sehr gute Stammkunden, in denen Sie den individuellen Nutzen eines Produkts oder einer Dienstleistung beschreiben.

➤ Sie telefonieren mit Kunden, die kurz vor dem Abschluss stehen, um ihnen ein Argument zu bieten, das die rasche Kaufentscheidung nach sich zieht. Überlegen Sie genau, mit welchem „umschlagbaren" Argument sich der Kunde überzeugen lässt.

➤ Sie unterbreiten Ihren offensichtlich und nachweislich sehr zufriedenen Kunden, die Ihr Unternehmen erst jüngst weiterempfohlen oder sich als Referenzkunden zur Verfügung gestellt haben, ein attraktives Zusatzgeschäft.

Das EpA-Konzept lebt von der kontinuierlichen und stetigen Überprüfung, Optimierung und Korrektur, also der agierenden und gestaltenden Kraft des Lösungsfinders:

➤ Überprüfen Sie, ob Sie die richtigen Dinge tun – und das richtig.

➤ Aktivität und Gestalterkraft sind wichtiger als „das perfekte Angebot".

➤ Legen Sie erst die Strategie und die Ziele fest – danach die Umsetzungsmaßnahmen.

➤ Veranstalten Sie mit Ihren Kollegen möglichst regelmäßig EpA-Gipfel. Führen Sie EpA-Listen, die Sie auf dem neuesten Stand halten.

Fazit und: Was Sie jetzt sofort tun sollten

- Als Verkäufer müssen Sie viele (möglichst alle) Akquisitions- und Verkaufsstile beherrschen und situations- und kundenabhängig einsetzen.

- Diskutieren Sie gemeinsam mit Kollegen und Vertriebsleiter, welche Akquisitionstrends vorliegen und wie Sie ihnen am besten begegnen können!

- Die Rückkehr der Dienstleistungsmentalität bedeutet: Sie sollten Servicestrategien entwickeln und die Serviceleistungen erhöhen – für die Neukunden *und* die Stammkunden.

- Der Kunde will unterhalten *und* informiert werden. Kundengespräche sollten daher fachlich exzellent geführt und als Event mit Wohlfühlatmosphäre aufgebaut sein.

- Beachten Sie die Kundenbedürfnisse strikt – sowohl produktbezogen als auch im ethisch-gesellschaftlichen Bereich!

- Überprüfen Sie Ihre Einstellung: Sind Sie ein Problemsucher oder ein Lösungsfinder?

- Entwickeln Sie sich zum Lösungsfinder!

- Stellen Sie fest, welche Ihre erfolgsproduzierenden Aktivitäten sind, und konzentrieren Sie Ihre Akquisitionsenergie auf diese Bereiche!

Schlusswort: Werden Sie aktiv!

„Wer heute akquiriert, will und muss sofort profitieren. Aber wird das Akquirieren nicht immer schwieriger? Ich behaupte: Es wird gleichzeitig auch immer leichter!" – Mit diesen Worten habe ich dieses Buch begonnen. Und ich hoffe, meine Ausführungen helfen Ihnen, dass Ihnen ab sofort das Akquirieren (noch) leichter fällt und Spaß macht.

Mit dem KAP-Erfolgszirkel haben Sie im ersten Teil eine praxisorientierte Strategie kennen gelernt, wie Sie zielbewusst Ihre individuelle Akquisitions-Power kontinuierlich zur Entfaltung bringen, im zweiten Teil schließlich die entsprechenden operativen Maßnahmen, um KAP zu verwirklichen. Am wichtigsten dabei: Gehen Sie kreative und innovative, kurz: neue Wege, die andere nicht zu betreten wagen.

Ob meine strategischen und operativen Tipps Ihnen nun wirklich weiterhelfen, liegt ausschließlich *in Ihrer Hand*. Es ist Ihre Entscheidung. Gedanken sind Äste, Worte sind Blätter, Taten sind Früchte. Ernten Sie die Früchte Ihrer Arbeit. Und beginnen Sie jetzt damit. Als Verkäufer wissen Sie, dass alle guten Vorsätze mit Aufträgen und Vereinbarungen zu vergleichen sind, auf denen die Unterschrift des Vertragspartners fehlt. Seien Sie aktiv und setzen Sie alles, was Sie gelesen haben und mit dem Sie übereinstimmen, um.

Wissen allein reicht nicht aus, man muss es auch anwenden. Sich selbst so weit zu bringen, alles Notwendige zu unternehmen, um besondere Leistungen zu erzielen, gehört meiner Ansicht nach zu den wichtigsten Erfolgsgrundsätzen. Sie haben nun die Wahl: Es liegt an Ihnen, welche der nun folgenden Möglichkeiten Sie für sich auswählen:

➤ Sie setzen nichts um und sortieren das Buch in der Rubrik „gelesen" in Ihr Bücherregal ein. Dann herzlichen Glückwunsch – Sie leben bereits all das, was hier beschrieben wurde. Oder schade – Sie haben wahrscheinlich nur Ihre Zeit verschwendet.

➤ Sie können zu sich sagen: „Viele gute Gedanken, sie gefallen mir, das will ich alles ausprobieren, sobald ich Zeit habe." Das ist die sicherste Möglichkeit, dass nichts geschieht.

➤ Sie können auch Ihren Kollegen, Mitarbeitern und anderen Menschen diese Tipps und Anregungen weiterempfehlen, damit diese sich ändern. Doch auch das wird nur von mäßigem Erfolg gekrönt sein, solange Sie es ihnen nicht selbst vorleben.

➤ Oder Sie entscheiden sich, das Gelesene nicht auf einmal, sondern Schritt für Schritt umzusetzen. Dazu erstellen Sie sich einen Plan, der Ihnen die konsequente und systematische Umsetzung der KAP-Erfolgsformel ermöglicht.

Zum Schluss dieses Buches möchte ich mich bei Ihnen bedanken. Sie haben es mir ermöglicht, Ihnen einen bedeutenden Teil meiner Erfahrung, Erkenntnisse und Einstellung zu vermitteln. Wenn Sie einige meiner Hinweise und Tipps in Ihr Verhaltensrepertoire übernehmen wollen und können, freut mich das ganz besonders. Und sollte dieses Buch Ihnen zu einem erfolgreicheren Leben als Verkäufer verhelfen, dann habe ich mein wichtigstes Ziel erreicht. Vielen Dank!

Literatur

Bettger, Frank: *Lebe begeistert und gewinne!* Zürich 2000.

Hagmaier, Ardeschyr: *Die Verkaufspille. 7 Vitamine zum Verkaufserfolg.* INtem Media, Mannheim 2003.

Hagmaier, Ardeschyr: *30 Minuten für die erfolgreiche Problemlösung.* Offenbach 2008.

Hagmaier, Ardeschyr: *Ente oder Adler. Vom Problemsucher zum Lösungsfinder.* Offenbach, 3. Auflage 2007 (ist auch als Audio-CD erschienen).

Hagmaier, Ardeschyr; Seßler, Helmut: *Als Führungskraft erfolgreich coachen.* Wie Sie sich selbst und Ihre Mitarbeiter ergebnisorientiert steuern. INtem Media, Mannheim 2005.

Hagmaier, Ardeschyr; Kling, Marion; Seßler, Helmut: Mein Tag ist heute! Zitate und Weisheiten für Menschen, die noch erfolgreicher werden wollen. INtem Media, Mannheim 2001.

Scheelen, Frank M.: *Menschenkenntnis auf einen Blick.* Landsberg am Lech 2005.

Seiwert, Lothar J.: *Das neue 1x1 des Zeitmanagements.* München 2003.

Seßler, Helmut: *Der Beziehungs-Manager.* Mannheim 1997.

Seßler, Helmut: *30 Minuten für aktives Beziehungsmanagement.* Offenbach 2003.

Simon, Walter: *Moderne Managementkonzepte von A – Z.* Offenbach 2002.

Walther, George: *Phone Power.* Frankfurt am Main 2003.

Stichwortverzeichnis

Der Autor

Ardeschyr Hagmaier, 1969 in Heidelberg geboren, absolvierte zunächst eine Ausbildung zum Versicherungsfachmann, anschließend eine Trainee-Ausbildung in Vertrieb und Marketing sowie eine Trainerausbildung beim INtem-Institut. Er war viele Jahre lang Mitglied der Geschäftsleitung, Vertriebsdirektor, Trainerausbilder und Verkaufstrainer bei der INtem Trainergruppe Seßler & Partner GmbH, bevor er sich 2008 mit seiner Firma traleco selbstständig machte.

Ardeschyr Hagmaier ist BDVT-geprüfter Trainer und Berater. 2002 wurde er als einer der ersten deutschen Trainer von der „Offiziellen Qualitätsgemeinschaft internationaler Wirtschaftstrainer und Berater e.V." (Q-Pool 100) zum „Human Resources Professional" ausgezeichnet.

Als Berater, Trainer und Coach von Leistungsträgern hat er sich einen Namen gemacht. Sein Schwerpunkt liegt in der Verhaltensänderung. Heute gilt Ardeschyr Hagmaier als Experte für messbare und ergebnisorientierte Vertriebserfolge. „Ardeschyr Hagmaier ist *der* Managertrainer und weiß, worauf es ankommt." *(Capital Wirtschaftsmagazin)*

Zu seinen Kunden zählen unter anderem Allianz, AOK, C&A, CleanPark, Commerzbank, DaimlerChrysler Aerospace, DeTeWe, Degussa AG, Die Bahn, Dorint Hotel, ElectronicPartner, FG Finanz AG, Swatch, Sony, Siemens Nixdorf, Hypo Vereinsbank AG, MAN Roland, MLP, Lufthansa, Techniker Krankenkasse, RWE Umwelt, RTL 2, Union Invest, Welde Bräu. Xerox.

Kontakt:
Tel.:   0 62 05 / 95 57 57
E-Mail: a.hagmaier@traleco.de
Internet: www.enteadler.de